에세이로 읽는 여성서사 2

화전수전
火戰水戰

에세이로 읽는 여성서사2
화전수전

덕민화
문정
배미희
윤선영
한혜경
이명희
장정희
장소연
정경숙
안지숙

여담문학회 기획 | **파란나무**

| 차례 |

김민혜
살아 있는 여성서사가 이어지다   6

정경숙
《화전수전》의 도약을 바라며   8

덕민화
따뜻한 진보주의자   12
활짝 피어난 내 인생   18
피아노와 장미   24
바람과 함께 놀다   30

문정
꽃비가 내리던 날   38
화전수전   44
'모도'시절, 그 기억의 왜곡   50
'찜'도 아닌 '국'도 아닌   54

배미희
그리움은 늙지 않는가 보다   60
밥 다 해놓고 나왔습니다   68
지금은 디톡스(Detox) 중!   76
너르기 말띠 가시나들   84

윤선영
종이 호랑이   92
반딧불이, 그리고 자유   100
한 번으로 끝낼 수 없는 박찬욱 영화의 세계   106
아디안텀   114

한혜경
검은 화석   124
다음 생에 다시 만나요!   130
애들아 미안하다!   138
아버님의 향기   144

이명희 우물, 그 깊은 향수 152
코끼리 바위 앞에서 나를 본다 158

장정희 삶은 아름다운 도전의 연속이다 166
어른의 두 얼굴 172
성추행범이 되고 나서 178

장소연 you're all set! 186
일가(一家)라는 두 글자 192

정경숙 어느 날 이야기 200
곁에 있는 이야기 208
성지 순례 216

안지숙 풍경 하나　-K군청 구내식당에서 226
가사노동과 혁명 234

| 들어가는 글 | 김민혜 (기획, 소설가)

살아 있는 여성서사가 이어지다

'에세이로 읽는 여성서사' 두 번째 앤솔러지 산문집이 선을 보입니다. 지난 해 나온 《어제보다 환한》은 독자들에게 따뜻한 위로와 공감을 전하며 자신의 이야기를 쓰고 싶은 욕구로 이어졌습니다. 이번 서사들의 내용은 한층 더 깊어지고 애잔해졌다는 느낌이 듭니다. 특히 이번 2권부터는 '여담 문학회'에서 새롭게 맡아 진행하게 되어 감회가 남다릅니다.

이 책에는 여성들만의 녹진한 서사가 담겨있습니다. 그것은 장독 속에서 오랫동안 묵혀온 된장처럼 골마지가 배어나옵니다. 기회가 없었다면 어두운 동굴에 묻힐 뻔한 서사들이 환한 출구를 통해 누에고치의 실처럼 풀려나옵니다. 산문 한 편 한 편 읽으며 그녀들의 신산한 삶을 접하면서 눈시울이 뜨거워지고 가슴이 저릿해집니다.

60대 이후 여성들은 거의 1930년대부터 1960년대에 태어난 세대로 일제강점기와 해방, 6.25전쟁, 산업화와 독재, 광주 민주화 운동을 겪은, 현재 대한민국의 굴곡진 역사의 산 증인들입니다. 그 안에는 여성만이 겪어야 했던 애달픈 서사와 한이 서려있는데 몇 작품에서 한국 역사와 여성서사가 어우러진 독특한 이야기를 만날 수 있습니다.

미셸 트루니에가 쓴 《외면일기》에 보면 아프리카 모로코 남부에 전통적으로 여자들이 꼼짝 않고 집 안에만 틀어박혀 사는데 창문과 테라스에 널어 말리는 빨래의 색깔과 종류로 의사소통을 한다는 이야기가 있습니다. 또한 이 비밀스런 코드를 남자들은 전혀 이해하지 못한다는 것입니다. 어쩌면 이 사실은 어느 나라에나 볼 수 있는 소통의 비밀을 전해주는 듯 합니다. 어떤 장소든 조건이든, 인간은 서로를 그리워하며 소통을 필요로 하며 제한된 여건일수록 더 간절해져서 어떤 방식으로든 이어질 것이라는 생각이 듭니다.

여성들이 자신의 이야기나 어머니 이야기를 기탄없이 드러내다 보면 역사의 한줄기 속에 얽혀있는 가지에서 숨은 서사의 잎맥이 선연히 보일 것입니다. 이 기획이 계속 이어질 수 있도록 여담문학회는 최선을 다해 힘을 기울일 것입니다.

앤솔러지에 참여한 모든 저자들과 출간의 기쁨을 함께 하며 힘을 실어준 안지숙, 장소연 작가님께 감사드립니다. 산문과 함께 축하와 격려의 글로 향기를 입혀 준 정경숙 작가님의 따뜻한 마음과 정성껏 책을 편집해 준 파란나무 출판기획 김경희 대표님의 노고도 잊지 않을 것입니다.

정경숙 (소설가)

《화전수전》의 도약을 바라며

　작년 2024년, 자신의 글을 쓰려고 모인 여섯 분들이 소설가들과 함께 산문집 《어제보다 환한》을 펴낸 건 신기하고 놀라운 일이었습니다. 진솔하게 자신을 열어 보인 그 글들이 큰 울림을 주고, 새로운 분들이 또 모여서 마치 시리즈 연속처럼 올해 2025년에 '에세이로 읽는 여성서사' 《화전수전》을 세상에 내놓게 됐으니, 그 반가움과 기쁨이 뭐라고 더할 나위 없습니다. 새로 글쓰기의 세상으로 날아오르는 덕민화, 문정, 배미희, 윤선영, 한혜경 신예작가님들께 고개 숙여 축하인사를 드리고, 작년에 이어 자신에 대한 가감 없는 글을 보여주신 이명희, 장정희 작가님께도 '엄지 척'하는 감탄의 인사를 드립니다. 또한 일상에서 늘 글쓰기에 매진하시는 안지숙, 장소연 작가님과, 책이 나오는데 많은 열정과 노고를 보이신 김민혜 작가님께 마음 깊이 감사드립니다.

살아온 세월과 연륜 속에서 모두 '화전수전'. '산전수전'을 겪어 냈고, 저마다 풀어놓은 '해도 해도 끝없는 이야기들'을 통해 우리 인생 수수께끼의 해답을 찾을 수도 있을 것 같습니다. 이 책에 모인 글들에서, 우리는 작가 본인뿐 아니라 그와 인연 맺은 많은 사람들의 이야기와, 그 이야기 속에 이어진 숱한 이웃들의 삶의 온갖 일들을 가슴에 새기게 됐습니다.

과거를 살피고, '산전수전 화전수전'을 넘어, 정말 바람직하고 희망 넘치는 미래를 향해 달려가는 길 위에 서 있다고 여깁니다.

이수광[1563-1629, 조선 중기 문신, 실학의 선구자]의 지봉유설[1614 광해군 6년에 이수광이 편찬한 우리나라 최초의 문화백과사전] 상권 '풍운風雲'에 보면, '봄바람은 아래에서 위로 올라가고, 여름바람은 공중을 옆으로 불어가고, 가을바람은 위에서부터 아래로 내려가며, 겨울바람은 땅에 붙어서 간다.'라는 말이 나옵니다. 앞으로 우리 글쓰기도 이렇게 만사형통, 통달 능통해, 여성을 비롯한 이 세상 인류의 삶에 혁명 같은 새로운 변화의 바람을 일으킬 것을, 바라고 또 바랍니다.

《화전수전》, 파이팅입니다!!!

덕민화

아무것도 하지 않아도 괜찮은 나이.
그래도 꽃 따라 바람 따라 건들건들 놀며
지금 여기가 가장 좋다고 열심히 사는 중.

따뜻한 진보주의자

삼십 년 전 친정어머니를 모시고 남편과 함께 진주에 갔다. 주소가 적힌 종이쪽지만 가지고 집을 찾기란 쉽지 않았다. 동생의 신랑감이 사는 곳이라고 했다. 어찌어찌하여 찾아간 곳은 가정집이 아니었다. 등재된 번듯한 주거시설이 아니고 논 가운데에 있는 농민회관이 주소지였다. 황당하고 난감했다. 그래도 이곳까지 왔으니 우리가 찾던 인물에 대해 탐색을 시작하였다. 사무실 안으로 들어가 나름 날카로운 문답을 이어갔다. 농민회 간부인 중년의 남자는 "사람은 무척 좋으나 결혼상대로는…"하고 말끝을 흐렸다. 동생이 신랑감에 대해 자세히 알려 주지 않아서 천리 길을 달려 이곳까지 찾아 왔는데 약간 허탈하였다. 내가 이럴진대 어머니는 어떠할까? 빨리 이 장면을 수습하기 위해 진주에서 유명한 논개 사당이 있는 남강가로 가서 의논을 하자고 했다. 변영로 시인의 '강낭콩 꽃보다 더 푸른 그 물결위에 양귀비꽃보다 더 붉은 마음으로' 3인의 탐색대는 반대로 뜻을 모았다.

어머니는 이 결혼이 성사되지 않으면 외통수의 동생이 평생 혼자 살 것 같은 예감이 드셨는지 상견례 자리를 마련하였다. 그리하여 처음 본 제부는 선한 느낌의 사람이었다. 공대생이 왜 운동권이 되었는지 참 이해불가였다. 가난한 집안의 장남이 어렵게 대학을 나왔으면 경제적 곤궁함을 떨치고 살 생각을 안 하고 거기다가 농민회 활동가라니. 그러나 상황은 벌써 나의 소수

의견으로는 뒤집을 수도 없게 흘러갔다. '농촌 총각 장가간다'라는 현수막 아래 삽을 든 신랑과 꽃분홍색 치마를 입은 신부가 입장하였다. 돌아가신 아버지가 생각났다. 아버지는 동생에게 치마를 입고 여자답게 살면 좋겠다고 하셨다. 덧붙이는 말씀은 "데모하는 곳에는 절대 가지 마라. 늦게 얻은 남동생들 출세하는데 지장이 있다"였다. 그 속에는 독립운동을 하다가 옥고를 치르고 그 후유증으로 고생하시다가 돌아가신 할아버지의 유산이 숨어있다. 그리고 연좌제의 무서움도 함께하고 있었다. 그러나 할아버지의 뜻을 가장 잘 이어받고 행동으로 옮기는 이가 동생이었다. 그러니 남다른 남편감이 이해가 안 되는 것도 아니었다. 평생 시집을 안 갈 것 같던 동생이 마음을 내어 주고 결혼을 하겠다니 얼마나 기쁜 일인가. 하지만 이념이 밥 먹여 주지 않을 텐데 뭘 먹고 살려고 하는지 걱정이 되었다. 민주와 독립을 외치면 감옥에 막 집어넣는 시대인데 자신을 위험한 역정에 내놓다니. 노동자와 농민이 제대로 대접받는 세상을 꿈꾼다고? 그래도 동생에게 이제 굶어도 같이 굶고 감옥을 가도 같이 가는 평생 동지가 생겼으니 축하할 일이었다.

농가를 빌려 신혼 생활을 하던 동생네 집에 갔을 때다. 동생은 "우리 집 개는 똥도 안 싸." 이것이 무슨 개소리인가. 똥 안 싸는 개는 이 세상에 없다고 말하자 "정말 개똥을 한 번도 본 적이 없어." 비밀은 나중에 풀렸다. 제부가 농촌 생활에 서툰 동생을 위해 몰래 치워서 개똥을 본 적이 없었던 것이다. 제부는 말없이 남의 마음을 잘 헤아리는 사람이라는 생각이 들었다.

　내가 결혼하던 해부터 친정에서는 연례행사가 생겼다. 여름이면 온 가족이 같이 휴가를 가는 것이다. 여름휴가는 유일한 사치이자 자부심이었다. 어머니는 가족 단합대회를 위해 일 년을 준비하셨다. 주민등록 주소지만 옮기면 생활이 될 정도의 짐을 싣고 꿈같은(?) 휴가를 갔다. 규격화되지 않은 짐 속에서 급기야 홍두깨까지 나왔다. 어머니의 날콩가루가 들어가는 안동국시를 해 먹이겠다는 자아효능감이 충만한 말씀과 함께. 제부는 동생과 함께 항상 미안한 얼굴로 늦게 왔다. 자신의 차비는 더 어려운 사정의 남에게 주고 걸어서 집에 갔다는 제부가 빈손으로 처가에 오는 일은 쉽지 않았을 것이다. 여름휴가 철이 돌아오면 동생과 제부가 얼마나 힘들었는지는 후에 알았다. 한번은 지리산으로 휴가를 갔을 때였다. 제부는 키우던 닭 한 마리를 가지고 왔다. 차마 죽이지 못하여 살아 있는 채로 다리를 묶어서 가지고 왔다. 가족들은 밤나무 밭에서 야영을 하며 우리보다 더 신선한 닭고기를 가지고 온 휴가객은 없을 거라고 너스레를 떨었다. 다음날 근처에 있던 집의 도움을 받은 어머니의 신출귀몰하신 재주로 닭볶음탕이 나왔다. 제부는 닭볶음탕을 먹지 않았다.

　언젠가 제부가 우리 집에 올 때 꽃다발을 가져왔다. 가져 올

것이 없었는지 신문지로 싼 꽃가지를 내밀었다. 붉은 꽃이 백일 동안 핀다고 해서 백일홍이라고 불리는 배롱나무 꽃다발이었다. 하나하나 작은 꽃이 원뿔 모양의 꽃차례에 꿈을 머금고 모여 큰 꽃송이를 이루고 있었다. 백일을 기다리지 못하고 죽은 처녀의 무덤에 핀 꽃이라는 전설이 생각났다. 좋은 세상이 올 때까지 죽지 말고 살아 있어야지 왜 죽어.

제부가 자신의 생각을 쓴 책을 출간했다. 『따뜻한 진보』라는 책을 받아들고 참 어울리지 않는 제목이라고 생각되었다. 사회적 변화와 개혁을 통해 경제적, 사회적, 성 등 여러 불평등을 해소하고 따뜻한 세상을 만들고 싶다고 했는데 그것이 쉬운 일인가. 달콤한 권력과 좋은 자리를 미리 차지하고 있는 사람들이 순순히 동참하겠는가. 기득권 세력들은 자기들을 치고 오는 진보주의자들을 가만히 두지 않는다. 돌아오는 것은 탄압과 핍박뿐이다. 그 속에서 과격하게 투쟁하다가 사그라지는 모습만 그려진다. 진보된 따뜻한 사회를 만들기 위해 자신의 안위는 생각하지 않고 활동한다. 하지만 정작 본인은 힘들고 따뜻하게 지낼 수도 없는데 무슨 소용이란 말인가.

수많은 날들을 번민하고 많은 사람들을 설득하느라 피가 곤죽이 되었나보다. 자신을 내어주고 사회의 발전을 위하느라 뇌출혈이 생겼나 보다. 2021년, 갓 육십을 넘기고 하늘로 갔다. 제부의 장례식은 넓은 정원과 멋진 외관을 가진 번듯한 농민회관

앞 광장에서 열렸다. 삼십년 전 찾아갔던 논 한가운데에 있던 가건물이 아니었다. 제부가 걱정하던 노동자와 농민의 삶이 조금씩 나아지고 있다는 상징처럼 보였다. 그러나 아직 가난하고 소외되는 사람들은 얼마나 많은가. 우리사회에 남아있는 여성과 남성의 성역할에 대한 고정관념은 언제 무너질까. 세상을 따뜻하게 만들고자 뜻을 같이 하는 많은 사람들이 모였다. 그들은 예의를 다해 장례식을 치르고 광주 망월동에 안장했다. 제부가 이렇게 많은 사람들에게 지지를 받았구나. 헛살지 않았구나. 따뜻한 세상을 만들기 위해 자신을 불살랐구나 하는 생각이 들었다. 제부! 이제 여기 걱정은 마시고 그 곳에서는 따뜻하게 지내세요. 하얀 꽃을 들고 진혼무를 추는 가운데 동생이 검은 상복을 입고 동지에게 마지막 이별을 고했다. 다 같이 울었다.

활짝 피어난 내 인생

인생살이가 그리 녹록하지 않을 진대 문집 이름이 '활짝 피어난 내 인생'이라니!
이런 도발적인 팔순 잔치 기념문집을 낸 어머니는 흔치 않을 것이다. 1934년생, 현재 92세. 일제 강점기에 태어나 6.25를 겪으시고 없는 집에 시집와서 육남매를 건사하여 시집보내고 장가보내고….
지난 해 유독 춥고 긴 겨울을 예감하셨는지 벌써 11월에 소집령이 떨어졌다. 배추는 50포기만 주문하였으니 그리 알라는 통보가 왔다. 재작년에는 배추가 덜 절여져서 약간의 실패를 하였다는 사족을 잊지 않고 다셨다. 사실 우리는 서로 비밀을 공유하고 있다. 재작년 덜 절여진 김치가 역대 최고 맛있었다. 짜지도 않고 김치본연의 맛이 살아 있었다. 그리고 눈가에 살짝 동통을 느끼며 김치를 꺼내 먹을 때마다 마지막 선물이 아닐까 했다. 대소변을 받아 내는 입원생활과 일 년 가까운 재활치료는 어머니와 이별을 준비하는 시간이라 생각했었다. 그런 어머니가 다시 일상으로 돌아와 김장을 강행했다. 어머니 앞에서는 다리 골절로 보조기를 차고도 100포기를 하신 분이니 '세상에 이런 일이'에 출연을 하여야 한다고 말씀드린다. 그 혹독한 시련을 이겨낸 구순 노모가 담가 주는 김치를 먹는 우리는 행복하다고 아부를 한다. 백세 되실 때까지 우리 된장과 김장은 책임지셔야 한다고 어리광을 부린다. 그러면 "그래, 나는 너희들에게 무엇을 해 줄 때가 가장 기쁘다. 자주 오기나 해라."라고 하신다. 자식 사랑이 날이 갈수록 더 바래지도 않고 한결같으신지 아픈 노모에게 힘든 일을 시킨다고 노인 학대로 신고 당할까 겁날 정도이다. 그래서 넘쳐나는 긍정의 힘과 삶의 의욕은 우리에게도 전염이 되고 손자와 손녀에게도 전파가 일어난다.

코로나로 모든 일상을 봉쇄당하고 TV시청이 유일한 낙이었을 때 일이다. 어머니는 국민손자로 불리던 **을 좋아했다. 그가 출연하는 프로그램 시간을 정확하게 알고 심지어 재방송도 빼놓지 않고 보셨다. You Tube 알고리즘은 그 쪽으로만 실행되었다. 후에 동생네 집에 갔는데 그 가수가 성장한 곳이 이 근처이니 가보자고 하셨다. 우리는 어머니의 행복한 덕질에 기꺼이 동참하여 모시고 갔다. 그러나 자본주의 민낯을 보셨는지 실망한 빛이 역력하셨다. 그래도 어머니 연세에 관심분야가 있고 우리보다 더 빠삭한 연예계 정보력이 대단하시다고 칭송하니 조금 풀리셨다.

어머니는 9남매 중 넷째이다. 가정 내에서 애매한 사회적 위치였다. 일제 강점기에 초등학교에 입학하였으나 눈병이 생기자 전염을 우려한 학교 측에서 다니지 못하게 하여 집안일을 돕고 지냈다. 다시 1학년으로 학교에 돌아갔을 때 이미 친구들은 4학년이었다고 한다. 공부를 잘하여 월반을 하여 졸업은 같이 했다. 중학교 입학의 기쁨도 잠시 누리셨다. 위에서 내리 누르고 아래에서 동생들이 치고 올라오자 어머니는 알아서 솥뚜껑을 운전하기로 결정하셨다. 그 때의 한이 구순을 넘겨도 남아있으신지 알파벳은 알겠는데 영어를 읽지 못한다고 한탄하셨다. 얼마 전 증손자에게 영어를 가르쳐 달라고 자존심을 굽혔다. 조손이 다정하게 공부하는 모습이 그렇게 아름다울 수가 없었다.

어머니 사전에는 치매라는 말을 존재하지 않을 거라고 하고 말씀드리면 끝없는 무용담이 이어진다. "사실 동네에서 주민등록 번호를 정확하게 외우는 사람은 나밖에 없어. 얼마 전에 윗집에 사는 젊은 사람이 동사무소에 가서 무엇을 신청을 해야 하는데 몰라서 내가 같이 택시 타고 가서 해결하여 줬어." 그 젊은 사람은 몇 살인데요. "그이는 여든이니까 애지. 애." 어머니의 못 말리는 미토콘드리아 세포가 또 발동하셨나 보다. 어머니는 불리하실 때는 "노인이 뭐 아나. 어떻게 하는지 도와 줘." 하신다. 그리고 유리하다고 판단되시면 "노인이라고 무시하냐." 그리고 조목조목 따지신다. 현명한 전략적 선택은 언제나 백전백승이다. 우리 남매들이 모이면 하는 전설적인 이야기가 있다. 엄마를 공부시켰어야 하는데. 그러면 자기 주도적이고 문제해결능력이 뛰어나시니 우리나라를 나아가 인류공영에 이바지 했을 거라는 칭찬 대잔치를 한다.

하지만 어머니에게도 가슴에 깊은 옹이가 있는 걸 안다. 그 중 가장 큰 것은 하나 뿐인 우리 집을 담보로 돈을 빌려 이모에게 주었다가 고초를 겪은 일이다. 육남매와 함께 거리로 나 앉게 될 판이었다. 부처라도 견디기 힘들 일을 불같은 성격의 아버지에게 들키셨으니 이 일을 어이할꼬. 그 심란한 상황의 한가운데에 존재해야 했던 우리는 아버지가 무서웠다. 나는 아버지가 돌아가신 나이보다 한참 더 먹은 뒤에야 아버지와 화해를 할 수 있었다. 아버지도 얼마나 힘드셨을까? 최근에야 어머니께서 그 일을 입에 올리신다. "내가 죄책감에 한 푼이라도 벌어보겠다고 방앗간에 가서 반나절 정도 일하고 있었어." 그런데 어디서 소문을 듣고 아버지가 와서 "어마이, 집에 가자"라고 해서 짧은 직장 생활을 끝냈다고 하셨다. "야! 우리 아버지 상남자셨네." 하고 어쭙잖은 농담으로 얼른 마무리를 한다. 그 시절, 술만 드시면 하던 군대이야기와 더불어 집 날릴 뻔 했던 이야기는 아버지의 쓰디 쓴 단골 안주로 기억된다.

딸만 내리 넷을 낳자 어머니는 급기야 다른 집 엄마들이 아들을 군대에 보내고 우는 모습도 부러워할 지경이 되셨다. 외할머니가 아흔 아홉 배미의 벼이삭을 주워서 찧은 쌀로 만든 밥을 해먹은 효험인지 드디어 아들을 내리 두 명이나 낳았다. 그러자 어머니의 자식 키우기 신공은 날개를 다셨다. 그렇지만 네 명의 딸들을 홀대하거나 차별을 하지 않았다. 자신의 못다 핀 꽃 한 송이 같은 학업이 딸에게 대물림 되는 것을 원하지 않으셨다. 고난이 지나가고 상처가 아물어 옹이가 될 때 까지 일기쓰기와 꽃가꾸기로 자신을 지탱하셨다. 물론 가장 큰 버팀목은 자식이었을 게다.

　우리는 이제 안다. 매일 복용해야 하는 약이 점점 많아지는 것을. 가까이 사는 여동생들 전언이 아니라도 용기와 기백이 조금씩 사그라지는 것을. 백조가 물위를 평화로이 떠 있는 듯해도 보이지 않는 물속에서 얼마나 수많은 발길질을 하고 있는지.

　영원히 꺼지지 않는 불꽃같은 우리 어머니! 초긍정의 힘과 지치지 않는 열정으로 꿋꿋하게 살아가라고 자신의 이야기를 책으로 엮으셨구나. 어머니! 당신이 보내신 소중한 삶의 초대장을 잘 간직하고 거센 비바람이 불어도 힘든 눈보라가 닥쳐도 이겨먹고 나아가겠습니다. 우리가 더욱 더 활짝 피어야 당신이 활짝 핀다는 것을 깨쳐 주셔서 고맙습니다.

피아노와 장미

"이제 두 명이 뜻 맞추어 잘 살아라. 나는 간다." 어머니는 단호하게 일어서더니 집으로 가셨다. 갑자기 눈물샘이 분화하기 시작했다. 지금 가시면 다시는 못 볼 것 같았다. 시집보내 달라고 부모님을 졸라서 한 결혼식을 마치고 신접살림을 시작한 첫날이었다. 모든 것을 다시 되돌리고 싶었다. 낯선 곳에서 뿌리를 내리고 살아가야 한다니 믿을 수 없었다. 본적이 면, 리로 바뀌다니. 내 정체성이 송두리째 뽑힌 것 같다. 비록 물리적 이사를 했지만 마음은 아직 내가 스물 네 해 동안 살던 친정이 내 집이었다. 심리적 이사는 쉰 살이 넘어 내 아이들의 이사를 해주고 나서야 끝난 것 같다. 이제 돌아갈 수도 없는 강을 건너고 펑펑 우는 아내를 남편은 무척 난감해 하였다. 어떤 말을 건네야 진정이 되는지 모르는 것 같았다. 웃을까 위로를 해야 하나 망설이는 것 같았다. 갑자기 "우리 밥해 먹자."하고 남편이 상황 종료 버튼을 눌렀다.

  무엇으로 매립을 했는지 알 수 없는 택지 위에 지은 단독주택이 나의 최초 변경 주소지였다. 집장사들이 똑같이 지은 집은 그 당시 건축 유행을 철저히 따랐다. 철 대문을 지나 몇 발자국 안 가면 1층이 있었다. 주인 세대는 낭하가 있는 계단을 올라가서 현관을 통해 안으로 들어가는 위용을 살짝 자랑하고 있었다. 설계 때부터 철저히 세를 주겠다고 작심하고 지은 2층은 바깥 계단으로 올라가게 되어 있었다. 제법 독립적인 생활이 가능하였지만 자연 현상에 노출된 바깥 계단이 문제였다.

퇴근하는 남편을 기다리고 있는데 비를 맞고 오는 모습이 보였다. 다짜고짜 우산을 가지고 계단을 세 칸 정도 내려갔을 때였다. 미끄덩하더니 사정없이 쿵쿵 엉덩방아를 찧으며 내려가다가 겨우 멈췄다. 그리하여 근 한 달 동안 휴머노이드 로봇처럼 작동되는 몸을 가지게 되었다. 허리 굽혀 물건 집어 올리기는 고난이도 동작이었다. 심지어 앉고 서는 동작도 아파서 몇 동작으로 나누어 하게 되었다. 또 하나 이 집의 문제는 여름이면 똥파리가 새까맣게 진격하여 오는 것이었다. 매립지 위의 남은 공터는 똥파리의 맞춤 서식지였나 보다. 그러나 붉은 장미 덩굴을 올린 대문과 골목길에서 들리던 피아노 소리는 나의 버킷리스트를 만드는 시간을 주었다. 눈에 콩깍지가 씌워서 덜컥 시작한 결혼생활에서 정신을 차리고 장차 어떤 집에서 어떻게 살아가야 하는지 구체적인 계획을 세울 수 있게 했다.

그 시절의 이사는 품앗이로 돌아가면서 무임금으로 해주었다. 남편이 이사를 도와주겠다고 나선 용사들을 데리고 온다. 신문지를 깔고 자장면을 먹으면서 다음 번 자기들 이사를 예약했다. 이사는 더운 여름에 많이 했다. 휴가를 이용하여 이사 뒤 치다꺼리를 할 수 있어서이다. 피아노는 언제나 이사물목 중에서 가장 큰 위치를 차지했다. 지금도 남편 친구들은 300㎏ 넘는 피아노를 옮기던 무더운 날을 잊지 않고 술을 사라고 말한다고 한다. 참 미안하고 고마운 분들이다. 남편에게는 많은 비용과 노력을 요구하는 애물단지였지만 나에게는 포기 할 수 없는 신성한 도구였다. 어떤 고난이 와도 지켜야 할 나의 꿈이었다. 건반을 누르면 망치가 현을 때릴 때 나는 움직임과 울리는 소리가 그렇게 매혹적일 수가 없다. 검고 반질반질 윤이 나는 피아노는 나의 자부심이었다. 그렇게 피아노를 모시고 싶었던 이유는 어린 시절의 허기와 오르간 실기의 아픔이 녹아 있었다. 간단한 반주를 넣은 동요를 오르간으로 연주하면서 노래까지 불러야 통과가 되었다. 열심히 연습을 하고 갔지만 그 앞에만 가면 나는 너무 작아졌다. 어디 음악수업을 위한 수련이 그리 쉬운가. 어릴 때 피아노 학원을 다닌다는 것은 생각도 못했다. 음악이 풀어내는 아름다운 세계가 있다는 것을 알지도 못했다. 어릴 적부터 훈련되지 않는 나의 둔감한 손가락을 채찍질하던 고통은 지금도 잊히지 않는다. 돌고 돌아 그 무겁고 거추장스럽던 피아노는 가고 없지만 그래도 음악을 좋아하는 마음은 남아서 큰 즐거움을 주고 있다.

집을 사면 꼭 빨간 장미 덩굴을 올리겠다고 굳게 결심을 했었다. 천 가지의 고통과 만 가지의 매운 맛을 보고 집을 샀으니 장미만 심으면 즐거운 나의 집은 완성된다. 그리하여 첫 번째 마련한 자가는 산비탈에 지은 미니 이층집이었다. 당시의 건축 언어에 맞게 외부는 빨간 벽돌 대신 타일로 마감을 했다. 실내는 나무 계단을 통하여 올라가면 작은 방이 있었다. 이층집이 아니고 1.5층집이라 불러야 마땅했다. 계단 아래의 좁은 공간을 활용하여 화장실을 넣는 것이 불문율이었다. 나무를 두른 작은 거실은 방문과 유리창으로 둘러싸여 있어 소파를 놓을 자리도 없었다. 그러나 그 집의 매력은 아치로 만든 입구를 통하여 들어가는 주방이었다. 구름처럼 살랑거리는 하얀 천으로 만든 커튼에 살짝 닿으며 들어갈 때 참 기분이 좋았다. 비록 동향이고 작은 땅에 앞집과 바짝 붙여지어서 눈부신 햇살은 볼 수 없었지만 모든 것을 다 이룬 것처럼 행복했다. 이제 대문에 빨간 장미만 올리면 희망사항은 더 이상 없을 것이다. 빨간색 덩굴장미가 맞는지 몇 번이나 확인 한 다음에야 묘목을 샀다. 대문 옆 쌈지처럼 붙은 화단에 조심스럽게 심으면서 붉은 장미가 만발할 것을 생각하니 절로 웃음이 나왔다. 이듬해에 핀 장미는 어이없게 노란색 이었다. 배신의 쓴 맛은 약간 주홍빛이 감돌며 꽃이 크고 향기까지 나던 노란 장미가 밉상으로 보이게 했다. 다 싫어. 내가 원했던 것이 아니야. 빨간 덩굴장미가 불타오르기를 원했는데 이게 뭐람. 사람들이 "이 집 장미가 참 좋네."하고 지나갔지만 위로가 되지 않았다. 남이 아무리 좋다고 해도 내가 원하지 않은 것은 존재 가치가 없었다.

  그래도 나에게 주어진 것을 감정적으로 싫다고 해서 무조건 버릴 수 없는 것이 세상사 아닌가. 때로는 약점을 강점으로 만

들어 성공한 사례를 많이 알고 있지 않은가. 피할 수 없는 인연으로 생각하며 평생 반려로 삼은 남편에게도 지칠 때가 있다. 총론은 같으나 각론에서 다를 때가 많다. 치약 튜브 중간 부분을 눌러 짰거나 다리만 빠져 나온 바지가 땅콩 모양으로 방바닥에 너부러져 있을 때 잔소리를 한다. 바빠서 그랬다며 번번이 항변하면서도 억울한 느낌이 들 때가 있다. 흥! 본인은 내가 청소, 육아, 빨래, 요리, 직장 생활로 힘들 때 뭐 해 주었냐고. 피아노처럼 손절할까? 노란 장미의 배신감과는 비교할 수 없는 분노가 치민다. 하지만 나를 조곤조곤 다독거린다. 쓴맛과 단맛을 함께 한 사십 오년을 어떻게 되돌려. 그사이 생겨난 의리는 어떡하고. 같이 잘 늙어가야 해. 미워도 다시 한 번.

바람과 함께 놀다

지인이 콘트라베이스 연주회에 가자고 했다. 갑작스런 제안이었지만 기꺼이 금정문화회관으로 갔다. 오케스트라 연주회에 가야만 볼 수 있는 덩치가 큰 콘트라베이스 연주회라니. 바이올린이나 첼로 독주회는 들어 보았어도 콘트라베이스 독주회는 처음이라는 생각에 약간 들뜨기까지 했다. 그래도 피아노와 같이 나오겠지. 그런데 무대 위에는 콘트라베이스를 안고 엉거주춤 서 있는 연주자와 피아노 대신 책을 읽어주는 남자가 있었다. 어! 이건 뭐지. 쥐스킨트가 쓴 『콘트라베이스』를 낭독하며 콘트라베이스 연주를 아주 조금 들려주는 것이었다. 음악회가 아니고 도서관 행사였다. 콘트라베이스는 오케스트라에서 가장 낮은 음으로 기초를 담당하며 꼭 필요한 존재이다. 연주자는 온 몸으로 버티고 허리에 통증을 견디며 다른 화려한 음색을 내는 악기들을 떠받힌다. 매력적인 음색을 가졌지만 혼자서는 잘 연주되지 않는다. 부드러운 저음이 가슴에 와 닿는다. 연주자들이 처음부터 콘트라베이스를 선택하지 않는 것처럼 나는 꿈꾸던 인생에서 얼마나 멀리 와 있는가. 주인공은 못되었지만 없으면 안 될 존재로 살아가고 있는가. 역할은 중요하나 연주자들이 선뜻 맡으려 하지 않는 고약한 악기로 생존하는 콘트라베이스에 다가가는 시간이었다. 오늘도 불어온 바람과 함께 잘 놀았다. 눈에 보이지도 않고 잡을 수도 없는 음악은 바람과 같다. 그래도 바람이 불고 간 자리는 늘 남아서 맴돈다.

요사이 토요일에는 합창을 한다. 소프라노, 알토, 베이스, 테너로 구성된 무려 육십 명에 가까운 대합창단이다. 국악을 전공한 지휘자 선생님은 가끔 어려운 편곡으로 연습을 시킨다. 네 개의 성부가 조화를 이루며 내는 소리에 가끔 황홀하기까지 하다. 어느 날 '미리내 흐르네'라는 자작곡을 갖고 오셨다. 은하수가 흐르는 칠월 칠석에 까막까치가 다리를 놓으면 님을 만난다는 옛날이야기에서 가사를 갖고 왔나 보다 하고 불렀다. 그런데 작사가가 같은 단원이었다. 남편을 여의고 그 마음을 시로 쓴 것에 지휘자 선생님이 곡을 붙였다고 했다. 갑자기 가슴이 먹먹해지면서 약간 울먹이며 알토부분을 불렀다. 그런데 다음 연습곡은 발랄한 춤곡이었다. '람바다~ 람바다아~' 울다가 웃으려니 감정의 제어가 잘 되지 않는다. 그래도 토요일은 피아노 반주소리만 들어도 행복하다. 마치고 지인들과 차 한 잔 나누면 비단 위에 꽃을 놓는 것과 같다.

차는 여럿이 마시는 것도 좋으나 혼자 마시면 더욱 좋다. 오랫동안 다례를 하며 불어오는 바람을 즐겼다. 차를 준비하고 마시는 의식이 예술적 취향에 맞았다. 꽃을 보고 음악과 함께 차를 마시며 소중한 나를 찾았다. 그 때 만드는 공간과 시간은 오붓하며 그 무엇과도 바꿀 수 없다. 번뇌도 없고 욕심도 없다. 깨끗한 다포를 깔고 다관과 찻잔을 준비한다. 물이 솔솔 끓는 동안 향긋한 차를 준비한다. 대나무로 된 찻숟가락으로 알맞게 차를 떠내어 다관에 담는다. 끓인 물을 찻잔에 부어 예온을 한다. 식힘 사발에서 한 김이 나간 물을 다관에 붓는다. 첫물은 아직 설익은 맛이 난다. 두 번째 우려내면 깊은 맛이 난다. 찻잔 밑을 왼손으로 받쳐 들고 잔의 온기를 느끼며 눈으로 차의 색을 살핀다. 그 다음 코로 냄새를 맡는다. 입을 가볍게 갖다 대고 조금씩 마신다. 오감을 총 동원한 집중과 몰입이 그렇게 좋을 수 없다. 침착함과 통찰력을 기르는데 참 알맞은 의식이다. 나중에 노란 치자 물을 들인 안동포 치마와 하얀 모시 저고리를 입혀서 차 한 잔과 같이 먼 길을 보내주면 외롭지 않겠다.

 나의 첫 바람은 그림이었다. 지질이 좋은 종이와 4B만 있으면 그렇게 고귀해지고 더 바랄 것이 없었다. 허리가 잘 펴지지 않는 늦은 밤까지 '아그리빠'상의 곱슬머리와 '줄리앙'의 코와 목덜미 근육에 생명을 불어 넣었다. 그림으로 내 인생을 승부하겠다는 앙큼한 계획까지 수립하며 참 열심히 놀았다. 그러나 내 나침반이자 화두였던 그림은 작가의 길을 가는 딸을 지원하는 것으로 잠재우고 있다. 구도의 세계를 벗어나니 참 홀가분하다. 나에게 불던 바람은 쪽에서 나오는 푸른 물감이 쪽보다 더 푸른 것처럼 멋진 결실을 맺고 있다. 딸의 그림은 정제되고 정선되어 일목요연하다. 자신의 심연에서 작은 금빛 점과 선으로 길어 올리는 조형 활동을 한다. 자신의 영혼에서 우러나오는 지혜를 완성하고자 하는 모습은 눈물이 날 정도로 시리고 감사하다. 딸이

사다리를 놓고 작고 여린 손으로 큰 화폭에 온 힘을 불어 넣는 것을 본다. 영혼과 영혼이 연결되어 감히 영원불멸의 삶이 멀리 있지 않다고 말하고 싶다.

십 년 전 불어 온 바람은 정원 만들기이다. 먼 산을 보며 차를 마실 수 있는 작은 오두막을 갖고 싶었다. 꽃과 나무를 심고 잔디밭에서 손녀와 손자들과 놀고 싶었다. 좋은 추억을 남겨 그들이 그곳을 오고 싶어 하고 쉴 수 있게 하고 싶었다. 입구에는 복숭아나무를 심어 무릉도원을 만들고 싶었다. 봄이 오면 눈부신 노란 민들레꽃과 보랏빛 제비꽃이 피어난다. 어느 바람을 타고 왔는지 오묘한 조화는 천상의 조합이다. 오월이 되면 붉은 줄장미가 아치를 타고 오른다. 어머니가 심어 준 작약이 해가 갈수록 꽃송이가 크고 더 붉게 핀다. 남색 수레국화와 하얀 샤스타데이지와 붉은 꽃 양귀비 삼총사는 가슴이 미어지도록 정답다. 나의 여름은 오렌지색이다. 능소화가 피고 원추리의 꽃대가 집 주위를 감싸면 더 이상 바라는 것이 없다. 그러나 나의 이상향은 녹색의 침입자와 벌레의 침공으로 어이없게 무너진다. 원하던 꽃과 나무만 자라면 좋을 텐데 잡초는 원초적 본능으로 잘도 자란다. 심지도 않고 보살피지도 않았는데 알아서 잘도 큰다. 본래 이들의 본거지에 내가 침입한 것이 아닐까 하는 생각까지 든다. 나에게는 잡초지만 그들 자신은 잡초가 아니다. 그냥 생존이 알맞은 곳에서 존재할 뿐이다. 차라리 이들과 화해하는 편이 좋겠다. 적당하게 풀을 걷어낸 정원은 거칠다. 그래도 꽃은 피고 진다. 그 속에서 늙을수록 고귀해지는 나무가 되고 싶다.

수필쓰기가 불어오는 마지막 바람일 것 같다. 수필만은 AI에게 맡긴 다음 뚝딱 출력시키는 것은 불가능할 것 같다. 내가 살아온 인생을 인공지능에게 다 학습시키기란 번거롭기도 하거니와 불필요 할 것 같다. 아무도 대신 할 수 없는 내 인생을 관조하며 쓰는 일은 오직 나만이 할 수 있다. 더구나 쓰는 재미가 있다. 수필 공부를 한다니 칠순 기념문집을 내라고 한다. 딸과 손자가 서로 표지화를 그려 주겠다고 한다. 이 또한 기쁘지 아니한가. 내 마음 속에 쌓인 눈이 녹아 시냇물이 되어 천리를 갈 때까지 바람아! 청산을 넘어라.

문정

땀 흘리며 운동하는 걸 좋아하고, 문득 스치는 감정을
글로 담는 걸 즐깁니다.
반복되는 일상 속에서도
작은 행복을 놓치지 않으려 애쓰는,
그런 마음을 함께 나누고 싶은 사람입니다.

꽃비가 내리던 날

우리 셋의 시간은 꽃비가 내리던 그날, 그 자리에서 멈춰 버렸다.

햇살이 유난히 눈부셨던 몇 해 전 삼월, 오랜만의 만남에 우리는 잔뜩 들떠 있었다. 흐드러지게 핀 벚나무가 만들어 낸 꽃 터널을 지나 산길을 함께 걸었다. 바람이 불고 꽃비가 내렸다. 내가 말했었지. 떨어지는 꽃잎을 손으로 잡고 소원을 빌면 그 소원이 이루어진다고. 누가 먼저랄 것도 없이 우리는 바람에 춤추는 연분홍 꽃잎을 잡아보려 바람 따라, 꽃잎 따라 춤을 추었다. 해롱해롱 바람에 날리던 눈먼 꽃잎 하나가 손에 들어왔고, 조용히 소원을 빌었다. 서로의 소원을 묻지는 않았지만, 아마도 가족의 안위와 평온을 빌지 않았을까. 나처럼.

미진, 혜정, 나. 우리 셋은 대학 연합 동아리에서 만났다. 결혼하고 아이를 키우는 동안, 각자의 자리에서 나름 잘 살아왔다. 그날은 참으로 오랜만의 만남이었다. 걱정 없는 하루를 함께 보내고, 삼십 년도 더 지난 청춘 시절을 추억할 수 있어 즐겁고 행복했다. "이제는 얼굴도 자주 보고, 맛있는 것도 같이 먹자." 우리는 그렇게 다음을 기약했다. 선물처럼 찾아온 하루였다. "오늘은 꽃을 실컷 봤으니, 다음엔 단풍을 함께 보자." 내가 말했다. 이번엔 미진이 사는 J시에서 만났으니, 다음엔 혜정이 사는 T시에서 만나자고도 했다. 그렇게 우리는 다음을 약속했다.

우리를 멈춰 세운 건, 그 지독한 코로나였다. 곧 끝나겠지 싶었던 전염병은 기어이 평범한 일상들을 앗아갔고, 끝없는 불안은 모두를 숨죽이게 만들었다. 누군가를 만나 밥을 먹고 차를 마시는 그런 일조차 허락되지 않던 시절이었다.

그즈음이었다. 혜정에게서 전화가 왔다. "놀라지 마." 혜정은 그렇게 말을 시작했다. 평소 안부 전화를 먼저 걸어오는 일이 거의 없는 혜정이었다. 물론 미진도 마찬가지였다. 늘 전화를 걸고, 안부를 묻고, 만날 날을 조율하는 건 내 몫이었다. 어수선한 시국을 핑계로, 심란한 마음을 핑계로, 나는 점점 세상으로 향하는 문을 닫고 있었다. 전화 한 통도 조심스럽던 그 시절, 마치 균이 전화선을 타고 전파되는 것처럼 느껴지던 때였다.

그런데 혜정의 전화였다. "미진이가 갔단다." 머리카락이 쭈뼛 섰다. '어디로?' 속으로 삼켰는지, 입 밖으로 냈는지 기억조차 없다. 혜정은 말을 이었다. "어제… 하늘나라로. 장례식장 가야지." 혜정의 떨리는 목소리는 담담했다. "가야지, 가야지."라는 말만 머릿속에 메아리쳤다. TV 화면을 멈춰놓은 듯, '가야지'라는 말만 남기고 시간은 멈췄다. 그 뒤의 통화는 기억나지 않는다. 어떻게 말을 맺고 끊었는지조차.

지난 봄의 환한 그날이 아직도 생생한데, 이게 무슨 날벼락이람. 너무 비현실적이었다. 장례식장 입구에서 혜정을 기다렸다. 미진의 집에서 보았던 가족사진 속, 웃고 있던 친구는 이제 장례식장 안내 화면 속 고인이 되어 더 환하게 웃고 있었다. 왜 그렇게 밝게 웃고 있느냐고 묻고 싶었다. 사진 속 미진의 웃음에 마음이 아파 허리를 반으로 접고 울음을 삼켰다.

미진의 두 살 아래 동생이 퉁퉁 부은 얼굴로 우리를 맞았다. "너무 많이 아팠어요." 암 덩어리가 뼈를 침투하는 골육종이었다고 했다. 연락을 해도 통 응답이 없었다고 하자, 동생은 이렇게 말했다. "언니도 곧 나아서 연락하리라 생각했던 것 같아요." 연락이 닿지 않아 섭섭했었는데, 오히려 미안한 마음이 들었다. 육십도 채 안 된 젊은 몸은 병마에 급격히 쇠약해졌다고 했다. 연락이 끊긴 일 년 몇 개월 사이, 수술도 하고 회복을 위해 애썼지만, 어쩔 수 없이 시절을 탓할 수밖에 없었다. 동생은 언니의 핸드폰에서 우리 이름을 찾아냈고, 언니가 마지막으로 친구들의 배웅을 받을 수 있어 다행이라며 울먹였다.

코로나라는 시국만 아니었다면, 마지막을 그렇게 허무하게 보내지는 않았을 것이다. 시국도 시국이지만, 미진은 사그라지는 모습을 가족에게조차 보이길 거부했다. 그랬겠지. 체중이 삼십 킬로그램 대까지 줄었다 하니, 그 앙상한 몸과 피폐한 마음이 오죽했을까.

예쁘게 물든 가을 단풍을 함께 보자며 약속해놓고, 미진은 혼자 먼저, 단풍 곱게 물든 가을, 하늘나라로 갔다. 미진의 투병을 보지 못했기에, 아직도 믿기지 않는다. 동생의 말처럼, 오히려 건강했던 모습으로 기억되는 게 나을 수도 있겠다는 생각이 든다. 그래서 내 기억 속 미진의 마지막은 꽃비가 내리던 그날, 바람 따라 너울너울 춤을 추던 그 모습이다. 그렇게, 우리 셋의 시간은 그날 멈춰버렸다.

미진을 그렇게 허망하게 보내고 나서, '미진·혜정·나'였던 우리는 이제 '혜정과 나'로 남았다. 장례식이 끝나고 얼마 지나지 않아 혜정과 통화하면서, 가슴 깊은 곳에 무언가 형용할 수 없는 감정이 한 움큼 남아 있음을 알게 되었다. 꽃비 내리던 그날 이후로 멈춰버린 그 감정은 아직도 정제되지 못한 채, 가끔은 그리움으로, 가끔은 연민으로, 또 가끔은 미안함으로 불쑥불쑥 찾아온다. 그럴 때면 그냥 가만히, 그날을 떠올릴 뿐이다. 어쩔 도리가 없다.

미진의 부재를 어떻게 받아들여야 할지 모르겠다. 그래서 그날 이후, 혜정과도 연락을 하지 못하고 있다. 셋이 우리였는데 이제 둘이 되었고, 아직 나는 그 현실을 온전히 받아들이지 못한다. 어떤 감정이든 단어로 정리하고, 입 밖에 내면 조금은 나아진다지만, 그걸 하지 못하고 있다. 꽃이 다시 흐드러지게 핀 올봄에도 결국 또 그 마음을 미뤄버렸다.

언제쯤이면 숙제를 마칠 용기가 생길까. 이 봄이 다 가기 전에, 혜정에게 전화를 걸어 그 꽃비 내리던 날, 손에 꽃잎을 쥐며 무엇을 소원했는지 아무 일도 아닌 듯 물어보려 했는데… 그럴 자신도 용기도 없다. 어쩌면, 친구를 또 하나 흘려보내고, 행복했던 그 시간을 혼자 추억하게 될지도 모른다는 예감이 든다.

화전수전 (火戰水戰)

"참 다정하시네요."

언젠가 손을 잡고 다니는 우리 부부를 보고 뒤따라오던 일행이 말했다. '어, 그런가?' 그다지 자상하지도 않고 더더욱 곰살맞지도 않은 남편더러 '다정'하다니!

무뚝뚝함의 대명사인 경상도 사내가 아내의 손을 잡고 걸으니 그들 눈에 그렇게 비쳤나보다.

오래전 해가 질 무렵 노부부가 손잡고 다정하게 걷는 모습이 뇌리에 박혔다. 나도 저렇게 살아야지 생각했다.

남편이 은퇴하고 나니 함께 나란히 걸을 일이 많이 생겼다. 아주 자연스럽게 슬쩍 손을 잡았다. 그런데 남편은 아주 자연스럽게 손을 쓱 뺐다. 섭섭했다. "왜 손을 빼느냐고, 내가 그렇게 싫으냐?"고 억지 논리로 압박했다. 남편은 절대로 그런 일이 없단다. 그렇게 한바탕 난리를 쳤더니 이제는 손을 잡으면 뿌리치지는 않았다.

급기야 다정한 사람으로 비쳤으니, 나의 승리인가! 하하.

결혼한 지 삼십삼 년째. 그러니 우리가 맞잡은 손안에는 얘기가 많다. 그 얘기를 할까 한다.

첫 얘기는 바야흐로 첫째아이가 배속에서 무럭무럭 자라고 있을 때다.

회사에서 부부 동반으로 조수간만의 차이가 심한 서해안 어디로 일박이일 여행을 떠났다. 남편은 술이 좀 많이 취했고, 술김에 일행과 떨어져서 바닷가로 나를 이끌었다. 썰물 때인 낮에 본 바닷가 부교는, 밤이 되고 밀물 때가 되니 물이 가득 차 둥둥 떠 있었다.

남편은 이쪽 낮은 쪽 부교에서 저쪽 바다 쪽 부교로 건너자고 떼를 썼다. 왜 그랬냐고 물어보면 지금도 본인은 그런 적이 없다고 딱 잡아떼지만, 아무튼 남편 손에 이끌려 이쪽에서 저쪽으로 건너려는 순간, 부교 사이가 쩍 벌어지며 우리는 손을 잡은 채 "풍덩" 바닷물에 빠졌다. 너무나 순간적이어서 아무 생각이 나지 않았다.

꼬르륵 가라앉다가 "탁" 바닥에 발이 닿았다. 그제야 죽지는 않겠구나 싶었다. 바닥을 차고 올라오니 물은 딱 목까지 찼다. 잡은 손은 이미 놓았고 어찌어찌 애를 써가며 부교 위로 올라오려는데 손을 내미는 사람이 있었다. 저쪽에서 낚시하는데 눈 깜짝할 순간에 사람이 사라지더란다. 그래서 급히 와보았단다.

아직은 젊었을 때라 부끄러움이 앞섰다. "아니 괜찮습니다." 다급한 상황이었음에도 나는 창피함이 앞서 몇 번이나 괜찮다고 웃음까지 머금고 말했다.

남편도 위로 올라와 씩 웃고 있었다.

두 번째 얘기는 십 년 전쯤의 일이다.

홀가분한 마음으로 차로 두 시간 거리의 온천으로 여행을 떠났다. 낮에는 멀리 산을 바라보며 노천온천을 즐겼고, 밤에는 불빛 축제를 즐겼다. 그때까지는 완벽했다. 그렇게 온천 호텔에서 하룻밤을 잘 보내고 난 다음 날 아침, 짐들을 정리하고 있는데 이상한 냄새가 났다. 문을 열고 나가 보니 복도에는 매캐한 연기가 가득하고 탄내가 심하게 났다.

"불난 것 같아." 남편에게 짧게 말하고 짐을 싹 훑어 가방에 쑤셔 넣었다. 다행히 우리가 묵은 방은 옛날식 테라스가 있는 방이었다. 남편은 방문을 닫고, 내 손을 꼭 잡고 테라스로 나갔다.

심상치가 않았다. 건너편 테라스에도 사람이 나와 서 있었다. 무슨 일이냐고 서로 큰소리로 묻고 답하지만, 불이 났다는 것뿐 무슨 일이 어떻게 돌아가는 것인지 알 길이 없었다. 우리는 육층, 아래 이삼 층쯤에서 시커먼 연기가 올라오고 있었다. 꼭대기층 옥상에도 피신한 사람들이 보였다. 마당에서는 사람들이 웅성대고 있었다.

남편과 잡았던 손을 놓았다. 그러고는 "살려 주세요"를 외쳤다. 연기는 자꾸 올라오는데 소방차는 한참을 있다가 왔고, 그동안 나는 "살려 주세요"를 몇 번이나 외쳤는지 모른다.

드디어 소방관이 올라오고 그의 에스코트를 받으며 물과 그

을음으로 범벅이 된 육 층 계단을 걸어서 내려왔다. 드디어 일층, 눈물이 핑 돌았다. '살았구나.' 다리에 힘이 풀렸다. 함께 내려와 준 소방관이 어깨를 잡아줘서 간신히 서 있을 수 있었다. 뒤따라 남편도 내려왔고 우리는 다시 손을 맞잡고 희미하게 웃었다.

자상하지도, 곰살맞지도 않은 남편은 물에 빠질 때도 내 손을 잡고 있었고, 불이 다가왔을 때도 내 손을 잡고 있었다. 그러니 우리는 물도 이겨내고 불도 이겨낸, '산전수전'이 아니라 '화전수전' 다 이겨낸 부부가 되었다.
　우리가 맞잡은 손에는 그런 세월이 담겨 있다.

　바라본다는 것은 바라며 본다는 것, 사람은 그가 바라본 대로 되어간다지 않던가. 손을 잡고 걷던 노부부의 모습처럼, 우리도 함께 같은 곳을 바라보며 황혼을 맞고 싶다.
　화전수전 다 겪은 우리가 맞잡은 손 안에 담길 또 다른 이야기가 기대된다.

'모도' 시절, 그 기억의 왜곡.

"모도야"

이층 양옥집 미혜 언니네 아저씨는 딸부자 집 셋째 딸인 나를 그렇게 불렀다. 짐작컨대 딸 그만 낳으라는 별명이었으리라. 그럼에도 불구하고 밑으로 여동생이 생겼고 그 밑으로 남동생이 태어나기까지 또 몇 년이 더 걸렸으니 별명 덕은 별로 보지 못했다. 어느 날 보니 내가 있더라는 큰언니의 말처럼 우리 집에서 나는 존재감이 없었고 그리하여 나는 집 밖에서 컸다. 집 앞 공터에서 저녁 늦게까지 놀았고 친구들이 가족의 자리를 대신하며 그렇게 자랐다.

그 시절 기억 한 조각이 떠오른다.

어린 '모도'에게 미혜 언니네 빈집을 지키는 임무가 주어졌다. 외항선을 타시던 아저씨 덕에 그 집은 그야말로 호기심 천국이었다. 먼저 나무 계단을 살살 올라 이층 미혜 언니 방부터 탐험이다. 책상 서랍 속, 예쁜 그림이 그려진 알루미늄 케이스의 색연필이 눈에 들어온다. 빨주노초파남보 일곱 색의 크레용이 최고였던 그 시절, 열 몇 가지의 색연필이 가지런히 채워져 있었으니 미혜 언니는 내 기억 속 공주님이다.

이번에는 냉장고 문을 열어본다. 알 수 없는 글씨가 적힌 봉지 속 까만 알갱이. 한 알 입에 넣어본다. 달콤하다. 이게 무슨 맛인가. 또 한 알 넣어본다. 희한한 달콤함에 넘어가 또 한 알. 어린 마음에도 더 먹으면 안 된다는 생각이 들지만 멈출 수 없다. 가슴이 띈다. 누가 올까. 손댄 사실이 드러나면 어쩌나. 그 두근거림이 아직도 생생하다. 그 희한한 맛의 까만 알갱이는 건포도가 아니었을까.

  길 건너편에 계단의 경사를 따라 지어진 좁고 이상한 구조의 우리 집. 이층집이긴 하지만 도로를 물고 있는 공간은 세를 놓았으니 육 남매가 각자의 방을 가지긴 어려웠다. 각종 잡동사니가 쌓여 있고 손바닥 만 한 삼중당 문고판 책이 오래된 선반에 꽂혀있는 다락방, 그 옆 앉은뱅이책상이 내 공간의 전부였다. 엄마는 육 남매의 간식을 만드느라 다락에 오븐을 놓아두고 쿠키를 구우셨다. 다락방 가득 퍼지는 쿠키 굽는 냄새를 맡으며 종이 인형 놀이도 하고 책도 읽었다. 밤에는 촛불을 켜고 책을 읽기도 했고, 잠이 들어버려 부엌에서 올라온 연탄가스를 맡고 죽을 뻔한 일도 두 번이나 있었다. 그 다락방 시절을 떠올리면 무뚝뚝한 아버지의 다정한 사랑도 없었고, 육 남매 치다꺼리에 지친 엄마의 살가운 사랑도 없었다. 그렇게 기억한다.
  그러나 부모 노릇도 하고, 나이가 들어가면서, 문득 기억의 왜곡이 있었을 수도 있겠다는 생각이 든다. 철이 드는 걸까.
  세련된 크레파스와 달콤한 신문물을 접하지는 못했지만, 아버지는 가족이 전부였고 부지런한 엄마는 깨끗한 옷과 따뜻한 음식으로 잘 키워주셨다. "모도"라고 부르며 머리를 쓰다듬어 주던 미혜 언니네 식구들도 있었고 동시를 잘 지었다며 칭찬하던 세탁소집 아줌마, 약방 아줌마도 있었다. 기억의 조각들을 꺼내다 보니 내 유년도 제법 따스하다. 예순의 나이에도 가끔 터져 나오는 주체 못 할 감성들도 그 다락방 시절에 길러진 것이리라 믿어 의심치 않는다.

그 시절의 엄마 아버지는 사랑이라는 버거움보다는 책임감이 더 컸으리라. 어려운 시절을 이기고 견뎌내야 했으니, 그것을 정의할 여유가 없었겠지만 '모도'의 시절이 그립고 따스한 추억으로 남아있으니 사랑받았음에 틀림이 없다.

계단을 따라 지은 이상한 구조의 이층집. 그 다락방에서 '모도'는 사랑받으며 자랐고 감사를 배우며 컸다. 기억의 왜곡은 수정되어야 한다.

'찜'도 아닌 '국'도 아닌

찜국.

쪄서 내는 '찜'도 아니고 국물이 있는 '국'도 아닌, 이 낯선 이름의 음식은 식구들이 다 모이는 날이면 어김없이 만들어 주셨던 엄마의 음식이다.

명절은 말할 것도 없고 우리 육 남매가 모두 모이는 날이면, 조개도 듬뿍 들어가고 숙주와 버섯 등 손이 많이 가는 재료들이 가득한 이 찜국을, 엄마는 꼭 상에 올리셨다. 육 남매의 그 자식까지 더하면 스무 명도 훌쩍 넘는 대식구. 그 많은 식구를 먹이기 위한 수고로움을 너무도 잘 아는 우리는 항상 맛있게 먹으면서도 이렇게 말하곤 했다. "엄마 이거 하지 마세요. 뭘 이렇게 손이 많이 가는 음식을 고생스럽게 하셔요. 나가서 먹으면 되지!" 그렇게 타박하곤 했다. 딸들은 외식으로 한 끼 먹으면 될 것을, 굳이 힘든 음식을 하시는 노모의 수고에 미안한 마음이 더해져 괜한 심통을 부렸다. 말은 그렇게 해도 엄마의 찜국은 정말 맛있었다. 어디에서도 맛볼 수가 없는, 오로지 우리 가족만 누릴 수 있었던 그야말로 '엄마의 음식'이다.

엄마가 많이 편찮으셨던 그해 추석, 우리 육 남매는 모두 모이기로 했다. 하지만 엄마는 찜국을 끓일 기력조차 없으실 만큼 많이 약해지셨다. 그래서 내가 호기롭게 나섰다. "올해는 내가 한번 찜국을 끓여볼게." 엄마의 손맛을 닮아 언니와 동생들

솜씨도 예사롭지 않은데, 무슨 용기였는지. 아무튼 내가 찜국을 끓여가기로 했다.

엄마는 "해물을 덖다가 물을 붓고, 고사리, 토란대를 넣어 끓이다가 숙주 미나리 등을 넣고 쌀가루 들깨가루로 구수함을 더하면 되니 뭐 특별한 것도 없다"라고 하셨다.

그러나 조갯살 미더덕 보리새우는 참기름에 '슬쩍' 덖어야 하고, 고사리 토란대는 미리 '꼬작꼬작' 양념해 두어야 하며, 불린 쌀은 곱게 갈아 '슬슬' 엉기도록 한다는 주문을 덧붙이셨다. 그러니 나의 찜국은 '슬쩍'과 '살짝' 사이에서부터 고민이 시작되었고, '꼬작꼬작'과 '조물조물'에서 방황했으며, '슬슬' 엉기는 부분에서는 자신감을 잃어버렸다.

적당한 걸쭉함을 찾기 위해 몇 번의 망설임이 필요했고, 짜지도 싱겁지도 않아야 하니 또 몇 번의 간 보기를 하고서야 겨우겨우 '나의' 찜국은 완성되었다.

엄마 집에 여섯 형제가 모였다. 드디어 맛보는 순간, 단박에 알 수 있었다.

비슷하긴 했지만, 어딘가 부족했다. 짜지도 않고 싱겁지도 않고, 되지도 무르지도 않지만 무얼까? 소금을 넣어보고 들깨가루도 더 넣어보지만 그래도 무언가 부족했다.

식구들은 맛있다고 칭찬을 해 주었다. 내가 느끼는 부족함을 그들도 느꼈을 터이지만 서로 말을 아꼈다.

엄마는 위에 생긴 암 덩어리가 온 몸으로 전이가 되어 잘 드시지도 못할 때였는데도 한 술 뜨시더니 "잘했다"고 말씀하셨다. "부족한 걸 얘기해 줘야 다음에 더 맛있게 만들지. 너무 싱겁나? 간장을 좀 넣을 걸 그랬나?"라고 조심스레 물었지만 그냥 잘했다고만 하신다.

우리는 다 안다. 그 부족한 것이 무엇인지. 엄마의 찜국에는 인고와 아픔의 세월이 들어있다. 그 시간들이 빠져있으니 어떻게 진한 엄마의 찜국이 되겠는가!

한술 뜨시고 수저를 내려놓으며 희미하게 웃으시던 그 모습을 잊을 수 없다. 우리는 다 같이 수저를 놓으시는 엄마만 바라보고 있었다.

그때 이미 알고 있었다. 엄마가 우리 곁에 오래 머물지 못할 거라는 걸. 그래서 더더욱, 우리는 "엄마 찜국이 먹고 싶어요."라는 말은 끝내 하지 못했다.

그 이듬해 봄, 엄마는 조용히 떠나셨다. 이후로 우리가 모이는 식탁에 다시는 찜국이 오르지 못했다. 찜도 아니고 국도 아닌 그 걸쭉한 국물 속엔 엄마의 시간이, 엄마의 손길이, 그리고 우리가 있었다. 이제 그 맛은, 그리움이 되었다.

배미희

잊혀져가는 기억을 붙잡고 싶어 글을 씁니다.
미안하다, 사랑한다, 고맙다는 말을
전하지 못한 이들에게,
이 글이 늦은 인사가 되길 바랍니다.

그리움은 늙지 않는가 보다

한 번은 꼭 가고 싶었다.

최 여사는 보란 듯이 자식들을 앞세워 그 동네에 꼭 다시 가고 싶었다. 아들은 더 이상 갈 수 없는 산중턱까지 그녀를 차로 모셨다. 내려서도 한참을 더 가야 할 거리가 남았다. 연골이 녹아내려 몇 번을 쉬어야 하지만 자식, 손주들의 부축을 받아 올라가는 걸음은 마치 날개라도 단 것처럼 가볍다. 마음 같아서는 한달음에 내닫고 싶었다. 산소에 가까이 갈수록 숨이 턱까지 차올랐다. 그녀의 손은 조금씩 떨리고 있었다. 그녀는 알고 있다. 이 길은 단순히 무덤의 주인을 위하는 길이 아니라 그녀 자신을 위한 길이라는 것을. 그곳은 그녀의 과거와 그리움이 묻혀있는 곳이다.

드디어 묘비가 보인다. 몇 해 전 이장을 해서 빗으로 빗은 것보다 더 곱게 다져진 편편한 잔디 위로 반들반들 먼지 하나 없는 최 씨 일가의 비석 다섯 개가 서 있다. 출발 전 이미 차 안에서 한바탕 눈물바람으로 딸내미한테 놀림을 받은 터라 억지로 울음을 삼켰다.
'처사경주최공휘금석지묘'
"아!" 최 여사도 모르게 식도를 타고 탁음이 올라온다.
"아부지! 옥부이가 왔어요. 옥부이가 이렇게 새끼들을 데리고 왔는데 한번 보세요"

손자가 묻는다.

"할머니, 다른 비석에는 다 부부 이름이 있는데 왜 할머니의 아빠 비석에는 혼자 적혀 있어요?"

그럴 수밖에. 손주에게 다 말하지 못한 이야기가 있다.

최옥분 여사는 1941년 안동시 풍천면 작은 시골에서 태어났지만 주민등록증에는 1946년생으로 되어있다. 아무리 그래도 5년이나 차이가 나다니. 아부지가 계셨더라면 그리 하셨을까? 설움이 차오른다. 비문에 이름도 올리지 못한 엄마가 그립다. 가슴 밑바닥에서 뜨거운 것이 올라왔지만 아무것도 모르는 손자의 해맑은 얼굴을 보며 잔디 사이로 올라온 애꿎은 풀을 쥐어뜯는다.

최 여사 아버지는 손재주가 뛰어나고 유난히 그림에 소질이 있었다. 특히 탱화를 잘 그려서 그 일대 최고의 탱화장이라 불릴 만큼 모든 사람들의 부러움을 샀다. 일본인들이 우리의 불교 미술, 특히 탱화와 단청 같은 전통 기술에 깊은 관심을 가졌던 시기라 일본으로 건너가면 돈이 된다는 소식을 들었다. 이제 막 태어나 눈에 넣기도 아까운 딸의 재롱을 보며 아이를 위해 몇 년 만 다녀오기로 했다. 하루가 다르게 커가는 딸과 홀로 시집살이를 견뎌야 하는 아내를 두고 가는 그의 가슴은 돌덩이로 채워졌다. 밥술깨나 먹는 넉넉한 집 도련님이지만 맏이에게만 주로 대물림되는 재산이라 본인의 손으로 번듯하게 분가를 하고 싶었다. 토끼 같은 자식들과 알콩달콩 살겠다는 꿈을 안고 그는 차마 떨어지지 않는 발걸음을 옮겼다. 열여덟에 시집을 와서 남편 하나만 쳐다보고 살았는데 이제 그 남편이 그녀의 곁을 떠난다고 한다. 그것도 편지 한 장 주고받기 어려운 이국땅으로.

　최 여사의 엄마는 남편 없는 시집에서 별난 시어머니의 지독한 시집살이를 견디며 목 끝까지 차오르는 말들을 꿀꺽 삼켰다. 아무것도 모른 채 두 눈을 반달처럼 휘게 뜨고 까르르 웃어주는 딸을 보며 그녀는 하루의 시름을 털어냈다. 하루가 일 년 같은 날이지만 남편이 돌아오기만을 기다리며 그녀는 매일 아침 정화수를 떠놓고 남편의 무사 귀국을 빌었다. 그러나 남편은 쉽게 돌아오지 않았고 그 기다림은 서서히 몸과 마음을 얼어붙게 했다.

　그 소식이 전해졌을 때, 최 여사의 엄마는 그 자리에 털썩 주저앉고 말았다. 그때까지도 희망을 놓지 않으려 했지만, 그 순간 희망은 마치 죽은 사람처럼 그녀의 품에서 사라졌다. 혼자 남은 그녀는 딸을 끌어안고 창자에서부터 끓어오르는 울음을 쏟아냈다. 그녀의 울부짖음은 그 누구도 위로할 수 없었다. 돈 많이 벌어서 집도 사고 땅도 사고 아들도 낳아 잘 살아보자고 떠났던 남편이 한 줌의 재가 되어 돌아온 것이다.

　유골을 들고 온 남편 친구 말에 의하면 유난히 실력이 좋은 남편은 일본인들에게 늘 질투와 경계의 대상이었다고 한다. 식민지 사람을 깔보던 그들은 실력을 인정받아도 인간적인 대접은 커녕, 내부적으로 끝없는 암투를 벌이고 있었다고 한다. 우정의 탈을 쓴 그들은 오랜만에 딸과 아내를 보러 간다는 소식에 회식 자리를 가장하여 남편에게 독주를 먹이고는 끝내 독살을 시켰다고 전했다. 돈을 많이 벌어 금의환향하겠다는 젊은 청년의 꿈은 그렇게 한순간에 무너지고 그는 한 줌의 재로 아내의 품에 안기고 말았다.

아들이 돌아올 수 없다는 사실에 식음을 전폐한 시어머니는 더 이상 아들의 씨를 받을 수 없는 며느리를 입혀주고 먹여줄 이유가 없었다. 아니 어쩌면 곱디고운 스물다섯의 며느리를 청상과부로 늙어 죽게 할 수 없어 쫓아낼 명분이 필요했는지도 모를 일이다. 최 여사의 엄마는 결국 시댁 식구들의 등쌀에 어린 딸을 남겨두고 강제 재가를 당하고 말았다. 어린 자식을 두고 떠나야 하는 최 여사 엄마는 오장육부가 갈기갈기 찢어지는 고통을 참으며 딸을 위해 떠나는 길이 더 낫다고 생각했다. 비극의 끝은 도대체 어디일까? 신은 과연 존재하는가? 견딜 만큼의 시련만 준다는 건 다 개코같은 소리이다. 오갈 데 없이 천하의 고아가 된 최 여사는 결국 큰아버지의 양녀로 입적이 되면서 더부살이 신세가 되고 말았다. 아무리 조카가 불쌍하고 측은하다고는 하나 본인 식솔만 하겠는가? 신세타령조차 사치인 최 여사는 행여 큰엄마의 눈 밖에 나 미움을 살까 시키기도 전에 부엌일과 들일을 알아서 했다.

부모 없이 일흔 해를 살아 넘긴 어느 날이었다. 시간이 흘러도 그리움은 늙지 않는가 보다. 자식을 낳아 키우면 모든 걸 잊을 줄 알았다. 그러나 아이들이 품에 안기면 안길수록 떠난 엄마에 대한 그리움은 오히려 더욱 커져만 갔다. 수소문 끝에 최 여사는 드디어 친정엄마의 소식을 들었다. 전화를 받는 그녀의 손이 바르르 떨렸다. 칠십 년 동안 가슴에 묻었던 그 이름
"엄마!"
이제야 엄마를 불러볼 수 있다니! 죽기 전에 한 번은 만나고 싶었는데 마침내 그날이 왔다. 그리 멀지 않은 곳에서 홀로 사신다고 한다. 어이가 없다. 지척에 두고도 모녀의 연이 닿지 않았다니…. 없는 살림에 자식 키우기 바빠 감정 표현을 어떻게 하는지조차 모르고 살았다. 엄마를 만나면 뭐라고 해야 하나. 뭐부터 물어봐야 하나. 백발의 두 여인은 그저 두 손을 부여잡고 한없이 울기만 했다.
"옥분아! 니를 한 번도 잊은 적이 없었다."
그 순간 그들 사이의 칠십 년 세월은 소리 없이 무너졌다.
"너거 아부지도 일본으로 간 그 이후로 단 한 번도, 한순간도 잊은 적이 없었어. 최금석 씨를 한 번도 잊어 본 적이 없어. 지금

도 눈을 감으면 니 아부지가 보인다. 그래도 죽지 못해 살아야
했고 다른 남자의 여자가 되어야 했고…. 그래서 너를 두고 떠
날 수밖에 없었어. 미안하다."
최 여사는 구순이 넘은 엄마의 손을 더욱 힘주어 잡았다.
"괜찮아요. 엄마! 죽기 전에 봤으니까 됐어요. 엄마도 나도 살
기 바빴잖아요."

이제 최 여사는 팔순을 훌쩍 넘긴 노인이 되었다. 어버이날이
라고 멀리 사는 자식들이 찾아오니 고맙다. 자식들이 찾아올 때
면 최 여사도 부쩍 아부지 엄마가 보고 싶다. 뒤늦게 만난 엄마
마저 돌아가시고 찾아갈 데라고는 아부지 산소뿐이다. 걸을 수
있는 날까지 아부지 무덤이라도 자주 찾아가 살아 나온 이야기
를 쏟아내고 싶다. 평생 아부지 품에 한번 안겨보지 못했다. 여
든 해 동안 못한 만큼 아부지 엄마를 마음껏 불러보고 싶다. 자
식, 손주 앞만 아니라면 비석이라도 끌어안고 울부짖으며 어리
광을 부리고 싶다.

요즘 최 여사는 시간이 날 때마다 불경을 필사한다. 필사를 하
고 있으면 지난날 업보가 다 씻겨 내려가는 기분이다, 여유로운
시간 속에서 그녀는 과거를 회상해 본다. 아버지를 여의고, 큰
집에 양녀로 들어가야 했던 그 날들이 떠오른다. 그때는 누군

가에게 사랑받기보다는 살아남기 위해 싸웠던 시간이었다. 그런 시간들 속에서, 남편을 만나 자식들을 애지중지 키웠다. 떠난 엄마에게 복수라도 하듯이 오로지 자식들을 위해 모든 걸 포기하고, 자신의 행복을 뒤로 한 채 살아왔다. 고맙게도 자식들이 저마다의 자리에서 밥벌이를 하며 잘 사는 모습을 보니 만감이 교차한다. 말로 다 담아내지 못했던 지나온 날들을 돌아보며 잠시 회환에 잠긴다. '나는 정말 잘 살아왔나?, 저승에서 아부지 엄마를 만나면 뭐라고 해주실까?'

최 여사! 그녀는 바로 나의 엄마다.

밥 다 해놓고 나왔습니다

'5030'

운전을 하는 사람이라면 도로에서 가장 자주 보는 숫자일 것이다. '안전속도 5030' 정책은 보행자의 안전을 강화하고 도시의 교통사고를 줄이기 위해 도입된 제도라고 한다. 급할 때는 답답하기도 하지만, 아직도 운전이 조심스러운 나에게는 꽤 반가운 정책이다. 물론 택시 기사님이나 속도가 생명인 생업에 종사하는 분들은 불만이 많고 교통사고를 유발한다는 부정적 평가도 있다. "차를 이고 다니란 말이냐", "이게 차냐, 소달구지지"하는 조롱과 비아냥도 있다. 그러나 정책의 성과는 추후 면밀한 조사를 거쳐 보안하고 개선해 주면 고마운 일이다.

마트 장을 보고 좌회전을 기다리는 중에 신호등에 걸려 달랑거리는 50이라는 숫자가 30년 전의 나를 소환한다. 면허증을 딴 뒤에도 주머니 사정이 여의치 않았고, 간도 작았던 나는 차를 산다는 건 꿈도 꾸지 못했다. 그러던 어느 날, 중고차 매매상을 하는 친척분의 권유로 얼떨결에 차주가 되고 말았다. 악마의 유혹에 영혼이 팔린 한 젊은 청년이 새 차를 구입한 후 끝내 할부금에 발이 묶여 1년도 안 된 차를 중고차 매매상에 내놓았다고 한다. 내놓은 그 마음이 오죽했으랴. 얼마나 애지중지 관리를 잘했는지 비닐 갈이도 채 마치지 않아 새 차나 진배 없었다.

"돈은 나중에 줘도 돼. 괜히 남 주기 아깝다. 아무래도 너랑 인연이 있는 차 같네"

친척은 한마디 툭 던지더니, 직장 주차장에 차를 덜컥 세워두고 가 버렸다. 차는 나를 향해 "어서 모셔 가라"고 말하는데, 나는 그저 바라만 볼 수밖에 없었다. 머리에 이고 갈 수도 없고 밀고 갈 수도 없었다. 면허시험 때 잠깐 핸들을 잡아본 게 전부인 나로서는 참으로 당황스럽고 뒷골이 땅길 노릇이었다. 거의 울상이 된 나를 본 직장동료가 고맙게도 도와주었다. 일단 우리 집 앞까지는 끌어다 주겠다고 했다. 그렇게 차는 내 집 앞에 도착했으나 누군가에겐 할부를 감수하고서라도 갖고 싶은 보물이, 나에게는 그저 쇳덩어리 애물단지에 불과했다.

천덕꾸러기가 된 차에게 미안해서, 조심조심 운전을 하던 어느 비 오는 날이었다. 학생들의 등교와 출퇴근 차로 좁은 길이 엉킨 데다 비까지 내려 정신이 없었다. 복잡한 길에 비맞이를 시키기 위해 화분을 내놓은 꽃가게 옆을 지날 때였다. 우산을 쓴 초등학생이 내 차와 화분 사이를 걷다가 '쿵', 하고 쓰러지는 것이다. 머리털이 쭈뼛해지고 등골이 오싹했다. '사고다'라는 생각이 들자 눈앞이 캄캄해졌다. 급히 내려 아이 상태를 살펴보니, 다행히 아이는 벌떡 일어났다. 병원에 가보자는 말에 한사코 거부를 하며 아무 일 없다는 듯 자기 길로 휑하니 가버렸다. 같이 가는 친구에게 얼른 아이의 주소를 물어봤다. 혹시라도 모를 상황에 대비해, 꽃집 주인에게 증인이 되어달라고 부탁했다. 휴대폰이 없던 시절이라 집 번호를 주고받고는 마음을 진정시키며 겨우 직장으로 향했다.

하루 종일 일이 손에 잡히지 않아 퇴근 후 아이 집을 찾아갔다. 그때는 아직 결혼 전이라 사실 혼자 사고대응을 할 자신이 없었다. 게다가 당시만 해도 여자 운전자를 얕보는 분위기였기에 싱글인 나는 옆자리 유부남 후배한테 일일 남편을 부탁했다. 짓궂은 후배는 남의 속도 모르고 "여보, 당신~"이라며 온갖 농을 걸고 장난을 치더니 흔쾌히 동행해주었다. 과일바구니를 들고 아이 집 현관문을 들어서는 순간, 굳은 아빠 표정이 과일바구니로 될 일이 아님을 짐작하게 했다.

아이는 분명 내 차의 오른쪽으로 걷고 있었는데 반대쪽 다리에 붕대를 감고 있었다. 차에 부딪힌 것이 아니라 도로를 차지하고 비맞이를 시킨 화분 탓에 생긴 물웅덩이를 피하다 화분에 부딪혀 넘어진 것이다. 속으로 억울했지만, 아무런 변명도 못하고 바보처럼 그저 '죄송합니다.'만 되풀이했다. 하필 그 순간 거기를 지난 도의적 책임도 있고, 아이가 큰 부상이 아님을 다행으로 생각하며 급조한 치료비를 주고 나왔다. 진심 아내라도 되는 듯 고개를 조아리며 대변해주는 일일 남편 덕에 심하지 않은 상처라 수습은 잘되었다. 애써 준 후배에게 술로 사례를 하며 안 그래도 박봉이라 쪼들리는 달인데 돈 나간 하루 일진이 원망스러웠다. 내가 만약 남자였다면 굳이 여자 후배에게 일일 동행을 부탁했을까, 사고 상황에 대해 억울함을 조금은 토로하지 않앉을까 하는 생각에 씁쓸함이 올라왔다.

 예전에 고등학생 아들을 둔 선배는 운전할 때 아들이 옆자리에 타기만 해도 그렇게 든든할 수 없다고 했다. 차선 변경이나 여러 가지로 사소한 다툼이라도 생길 때면 합리적 해결보다는 일단 소리를 내지르고 보는 몇몇 무식한 남자 운전자를 상대해주기 때문이란다. 억울하게 당하는 엄마를 대신해 덩치 큰 아들이 눈을 부라리며 대거리로 맞서준다는 웃지 못할 이야기를 했다. 당시에는 맞서줄 아들도 없던 처녀의 몸이라 도로 위에서의 나의 존재는 남자 고등학생보다도 못하다는 사실에 어이가 없었다. 남자 둘이 모이면 군대 이야기가 빠질 수 없듯이 차를 운전하는 여자들도 누구나 한 가지 정도는 도로 위의 에피소드가 있을 것이다. 요즈음에는 여자 운전자도 많고 보험제도가 잘 되어 있어 사고 수습도 신사적으로 해결되는 편이다. 하지만 30여 년 전만 해도 여자 운전자를 만만하게 여겨 오히려 피해자임에도 억울하게 당하는 경우가 흔했다.

 "여자가 말이야, 집구석에서 밥이나 하지 차를 끌고 나오고 말이야."

 "차를 운전하지 말고 집구석에서 솥뚜껑 운전이나 잘하소"

 대놓고 맞설 자신이 없는 소극적인 여자들은 오죽하면 '밥 다 해 놓고 나왔습니다.', '나도 돈 벌러 나왔거든요.'라는 차량 스티커로 대응했다는 우스갯소리까지 나왔다.

운전은 경력과 관계없이, 누구에게나 작은 사고를 피하기 어려운 일이다. 그럴 때마다 난 여전히 남편의 도움을 받는다. 남편 역시 사고를 낸 적이 있지만, 단 한 번도 내 도움을 받은 적은 없다. 물론 그가 사고 해결 과정에 대한 정보를 더 많이 알고 있어서 그럴 수는 있다. 하지만 나는 알고 있다. 그보다 더 깊은 이유가 있다는 것을. 근본적으로 내 몸속 어딘가에 흐르는 '몹쓸 여성성'이 문제다. 남자와의 대결 앞에서 본능처럼 움츠러들게 만드는 여성성. 내 안에 흐르는 이 여성성은 과연 타고난 것일까, 아니면 길러진 것일까?

어릴 적부터 나는 '여자답게' 크도록 길들여졌다. 마치 전족 안에 갇힌 소녀의 발처럼, 알게 모르게 '여자'라는 족쇄가 내 삶을 조여왔다. 참아야 했고, 양보해야 했으며, 작아져야만 했다. 발가락이 옥죄이듯, 내 마음도 그리 작아졌는지도 모르겠다.

내게 만약 딸이 있다면 난 절대로 그녀에게 그 족쇄를 채우지 않을 것이다. 움츠러들지 않도록, 자기를 작게 만들지 않도록 그렇게 키울 것이다. 얼마 전, 인기몰이를 한 드라마에서, 아들 생일날 미역국을 잘 못 푸는 예비 며느리에게 타박을 주는 시어머니가 나왔다. 참나. 국을 잘 퍼야만 여자인가? 여자라고 다 뱃속에서부터 국 푸는 법을 배워 나오지 않는다. 여자든 남자든 누구나 국을 잘 풀 수도 있고, 못 풀 수도 있다. 중요한 건 성별이 아니라, 같은 사람이라는 사실이다. 우리는 성별 이전에 '동등한 인간'으로 태어났다. 인간은 어느 한쪽이 족쇄를 채워 다른 한쪽을 끌고 가는 그런 관계가 아니다. 나란히 손을 잡고 함께 걸어가는 관계다. 세월이 흘러 이제 여성들도 고등 교육을 받고, 여러 분야를 넘나들며 자기 몫을 잘 해내고 있다. 문득 생각해본다. '만약 지난날, 우리 부모님께서 나를 좀 더 당당하게 키워주셨더라면…. 지금쯤 내 삶은 얼마나 달라져 있을까?'

지금은 디톡스(Detox) 중!

고백하건대 나는 아들 중독자였다. 하긴 이 지구상에 자식이나 새끼에게 중독되지 않을 생명체가 어디 있을까? 정도에 따라 차이는 있겠지만 어떤 이는 아이들이 사춘기가 되면 치료가 시작되고 또 어떤 이는 자식이 성인이 될 무렵이면 금단증상으로 힘들어할 것이다. 단언컨대, 자식 중독은 완치가 되지 않는다. 그저 증상을 완화시킬 뿐 평생 완치는 불가하다. 중독이란 '어떤 행동을 지속적으로 하거나 지나치게 복용하여 그것 없이는 생활이나 활동이 불가한 상태'라고 한다. 내가 그랬다. 아들이 이 글을 본다면 참으로 기함할 일이다. 아니 미래의 며늘아기가 본다면 더욱 끔찍한 일이다.

"미안하다 아가! 지금 디톡스(Detox) 중이니 너무 염려 안 해도 된단다."

인연은 하늘에서 맺어 준다는 개똥같은 소리를 믿은 탓일까? 그 덕에 아주 늦은 결혼과 출산을 했다. 결혼하면 출산이 당연지사인 줄 알았던 오만함이 무색하게 임신은 내 평생 가장 어려운 과제였다. 전국 팔도에 좋다는 한의원을 다 찾아다니고 전라도 어느 대장간에서 고추 모양 장신구를 달고 다니면 임신이 된다는 둥, 출산한 여인의 속옷을 훔쳐 보관하면 임신이 된다는 둥 임신에 좋다는 주위의 비방을 아무리 전수받아도 아이는 쉽게 오지 않았다. 퇴근길에 배가 부른 임산부를 보면 버스 창에 기대어 나도 모르게 눈물을 주르륵 흘리며 서서히 미쳐가고 있었다. 마지막 지푸라기라도 잡는 심정으로 의료의 힘을 빌리기는 물론이거니와 차를 두고 비가 오나 눈이 오나, 바람이 부나 오직 두 발로만 출퇴근을 하며 체력을 길렀다. 그리고 채소와 단백질 위주의 식사를 한 덕분인지 드디어 우리 부부에게도 아들이 찾아왔다.

하늘도 무심하시지 어찌 그리 애를 태우고 주시는지. 원망이 쏙 들어갈 만큼 똘망똘망 똑 까놓은 알밤 같은 아들이 왔다. 하늘을 용서해 주기로 했다. 세상을 다 얻은 것 같았다. 어두웠던 세상이 빛으로 환해졌다. 산꼭대기에 올라가서 외치고 싶었다. 야호! 나도 드디어 엄마가 된다! 모르는 사람을 붙잡고 막 자랑하고 싶었다. 아마도 중독의 징조였나 보다. 행여 누가 뺏어 갈까 안정기에 접어들 때까지 주위에 알리지도 못했다.

처음 임신 확인을 하고 초음파 사진을 본 우리는 태명을 '콩알이'로 지었다. 어디서 요런 게 우리한테 왔는지 보고 또 봐도 자꾸 보고 싶어졌다. 노산이라 기형아 검사를 위해 긴 바늘을 배에 찔러 '양수 검사'를 하는 날에는, 차라리 내 온몸을 후벼 파는 게 낫겠다 싶었다. 뱃속에 품은 열 달 동안 지독한 입덧으로 거의 산송장이 되었다. 하지만 산모 건강을 염려하는 의사 선생님 앞에서도 이미 아들 중독이 시작된 나는 행복에 취해 무릉도원을 걷고 있었다. 입덧이 심해 겨우 하루 한 끼로 연명하면서도 행여 크지 않을 아이 걱정에 내 온몸의 피를 다 뽑아주고 싶었다. 엄마의 간절한 마음을 알았는지, 아들은 쑥쑥 크며 때맞춰 태동으로 보답해주었다. 남편이랑 같이 병원에 가는 날에는 뱃속에서 물비늘 같은 손을 하늘하늘 흔들어 주었다. 중독을 유혹하는 고단수 손길이었다. 직장 일로 힘든 날에는 위로라도 하듯이, 간질간질 간지럽혀 주었다. 어떤 날에는 축구를 하는지 꿀렁꿀렁, 뻥뻥 요란하게 배를 차며 인사를 하기도 했다. 그 꿈틀거림이 너무 좋아 출산 후에도 한동안 잊지 못했다.

드디어 출산하는 날, 친구는 내가 만루홈런을 쳤다고 놀렸다. 노산이라 제왕절개를 권하는 선생님 앞에서 아이 첫 울음소리를 놓칠까 호기롭게 자연분만을 고집했다. 보다 못한 의사 선생님과 결국 하반신 마취로 협상을 했다. 아들의 첫 울음소리는 내 인생이 서곡이 되었고, 아이를 품에 안는 순간 세상이 처음으로 완성되는 기분이었다. 직장생활을 하면서 모유 수유를 하기가 쉽지 않았다. 하지만 현관문을 열고 들어서기 무섭게 꼬물거리며 기어와 옷섶을 헤치는 고 옹크린 손에서 나는 젖내는 내 하루의 시름을 다 잊게 해주었다. 내 속에서 어찌 요런 게 빠졌나 싶었다. 늦게 본 손주 녀석의 재롱에 시어머니께서는 늘 "보기도 아깝다" 시며 노구를 이끌고 하루도 빠짐없이 보물을 보시러 오셨다. 어린이집을 보내는 첫날, 새파랗게 질려 눈물 콧물 바람으로 매달리는 아이를 떼어놓지 못해 길거리에서 부둥켜안고 한참을 울던 생각을 하면 아직도 가슴 한편이 아리고 아파온다.

아침이면 직장으로 사라지는 엄마의 사랑에 목이 말랐을까? 매일 밤마다 아들은 내 얼굴을 더듬으며 손끝으로 하나하나 그림을 그리듯 손가락 끝에 엄마의 얼굴을 저장했다. 가닐가닐한 아들 손길에 뜨겁고 뭉클한 것이 올라왔다. 도대체 너와 나는 어떤 인연이었니? 세간에 화제가 된 드라마 '폭싹 속았수다'의 내레이션 중에 부모는 미안했던 것만 사무치고, 자식은 서운했던 것만 기억한다고 했다. 뒤통수에도 눈이 있어야 엄마를 할 수 있다는 말이 명치를 때린다. 학원 수업으로 늦은 귀가를 하거나 시험 준비로 힘든 날은 엄마의 충전이 필요하다며 가방을 내려놓기가 무섭게 정수리를 맞대고 나의 에너지를 넘겨받곤 했다. 사춘기 꽃기운이 한창일 때는 멋을 부린다고 파마를 하고 보송보송한 솜털 수염을 깎으며 어른 흉내를 내던 모습이 아직도 눈에 선하다. 행여 감기라도 걸리는 날에는 걱정을 숨기며 "니 몸 지분의 삼분의 일은 아빠, 삼분의 일은 엄마, 나머지 삼분의 일만 네 거니까 잘 간수해야 해"라며 소유권을 주장했다.

그러나 학년이 올라갈수록 조급함에 잔소리가 늘어나면서 나의 사랑은 점점 초심을 잃고 아들 중독도 내성이 생기더니 서서히 약발이 떨어졌다. 중독을 디톡스(Detox) 할 적절한 타이밍을 알리는 것 같았다. 신은 참으로 묘하다. 이 땅의 부모들이 자식 중독으로 폐인이 될까 염려하여 사춘기라는 다리를 만들더니 부모 자식 간에 안전거리를 유지하게 한다. 누가 그랬던가. '잘난 아들은 국가의 아들', '아들이 군대 가면 손님이 되고 장가 가면 사돈이 된다.'고. 국가에 바쳐도 좋고, 손님이 되어도 좋고, 사돈이 되어도 괜찮다. 이미 아들은 세 살 이전에 효도 총량의 법칙에 따라 우리에게 평생의 효도를 다 해줬다.

　이제 조심스럽게 홀로서기의 걸음을 내딛는 아들을 응원한다. 돌이켜보면, 품 안에 넣기 위해 키운 것이 아니라 훨훨 날려주기 위해 키웠다. 우리는 그저 그에게 하늘이고 싶었을 뿐이다, 마음껏 날다가 지치면 언제든지 돌아와 쉴 수 있는 둥지이고 싶었던 것이다. 높이 뛰려고 할 때 도움닫기가 되어주고 비빌 언덕이 될 수만 있다면 그걸로 충분하다. 나의 중독 상태는 비록 완치 불가이지만, 서서히 완급을 조절하는 법을 배우는 중이다. 관심은 두되 말은 줄이고, 걱정은 되지만 응원의 눈빛만 보내기로 했다. 디톡스(Detox)의 한 방법 중에는 대체 행동이나 음식이 효과가 있다고 한다. 운동도 열심히 하면서 건강한 취미 생활과 남은 인생을 남편과 함께 행복하게 마무리할 것을 계획한다. 언젠가는 우리 부부도 금단증상을 겪을 것이다. 못 견디도록 보고 싶을 때, 안 보면 아주 죽겠다 싶을 때 그때만 가끔 찾을 것이다.

요즘 아기 동영상을 자주 찾아보는 내 모습을 보며 아들은 나의 속내도 모르고 타박을 주며 놀리곤 한다. 세월이 흐르니, 그토록 애달파 몸살을 앓던 지난날이 무색하게도 내 머릿속 아들의 어린 시절 기억조차 조금씩 흐려지는 게 안타깝다. 먼 훗날 나의 의지와 관계없이 머릿속이 하얘져 아무것도 기억 못 할 때를 대비하면서 이 글을 남긴다.

"아들! 너의 엄마로 살 수 있어 너무 행복해."
"내 아들로 와줘서 정말 고마워."
"아빠, 엄마는 언제나 여기에 서 있을게."

너르기 말띠 가시나들

'띠링'

카톡음이 울린다. 광주 사는 친구 인순이의 딸이 결혼한다는 소식이다. 고무줄만 잘 뛰는 가시나인 줄 알았는데 벌써 새 식구를 맞이하다니 기특하기도 해라. 얼른 부러움을 실어 축하 인사를 보내고 오랜만에 앨범을 찾아들었다. 빛바랜 갈색 마름모무늬 커버에 3단으로 접히는 나의 첫 꿈 앨범이다. 요리조리 각을 맞춰 꽂으면 작은 사진 예닐곱 장은 족히 꽂힐 크기임에도 첫 장 전체를 떡하니 차지하고 있는 흑백 사진 한 장! 나의 국민학교 졸업을 증명해주는 유일한 사진이다. 일흔네 명의 까무잡잡한 얼굴이 마치 영혼이라도 뺏긴 듯 잔뜩 겁먹은 채 눈만 똥그랗게 뜨고 있다. 갑자기 세찬 바람과 함께 소용돌이가 몰아치더니 순식간에 사진 속 아이들은 빙글빙글 돌며 블랙홀로 빠져든다. 어느새 우리들은 커다란 느티나무가 보이는 운동장 한가운데 서 있다.

1979년 2월 19일, 바로 이 자리.

여기저기 뛰어다니는 소리, 악을 쓰며 우는 소리, 당장이라도 넘어갈 듯한 웃음소리 너머로 너르기 가시나 얼굴 다섯이 보인다. 여섯 살 무렵, 너르기 동네로 이사를 갔다. 뼛속까지 양반의 인이 박힌 순흥 안 씨 집성촌이라 택호만 다를 뿐 그들의 호칭은 서로 할배, 할매, 아재, 아지매였다. 일찍감치 새벽을 깨워 논

두렁 물길을 살피고 오는 그들에게 아침 해는 덤으로 받는 선물이다.

"아침 잡샀니껴?",

"아재요! 가시더"

"벌써 한바꾸 했니껴" 원시골서 물대기를 마치고 돌아가는 아저씨의 인사는 언제나 알람이다. 너르기 동네에서 타성인 배씨네 식구들은 관심과 경계의 대상이고 언제 입방아에 오를지 몰라 간이 작은 엄마는 쓸데없는 입단속을 시켰다. 툇마루에서 내다보면 끝없이 펼쳐진 너른 들 너머 개울이 흐르고 농사철이 되면 동글동글 밀짚모자들이 일어섰다 앉았다 정신없이 두더지 게임을 하는 듯이 보였다. 예부터 너른 들이 많아 너르기라 불렀으리라. 들이 많아서인지 가구 수는 그리 많지 않은 이 작은 동네에서 그렇게도 팔자가 드세다는 말띠 가시나를 어찌 네 명이나 생산했는지 모르겠다. 말띠가 아니라 천지가 개벽을 한다 해도 부부지정은 임금님도 못 막을 일이었나 보다. 어린 마음에 나는 팔자 드센 말띠 가시나가 한을 품으면 어디까지 뛸 수 있는지 제대로 한번 보여주고 싶어 남몰래 너르기 탈출을 도모했다.

인순이는 경운기 하나가 겨우 지나갈 듯한 좁은 길을 사이에 두고 아랫집에 살았다. 처음 이사를 갔을 때, 고 가시나는 자기 집 앞에 금을 그어 놓고 넘어오지 못하게 했다. 유일하게 살고 있는 먼 친척 집을 가려면 그 길밖에 없는데 내가 날제비도 아니고 어디로 다니란 말인지. 인순이는 마치 말이 얼마나 높이 뛸 수 있는지 제대로 보여주기라도 하겠다는 듯이 고무줄뛰기를 끝내주게 잘했다. 다리도 나보다 짧고 쪼그마한 가시나가 뛰기만 하면 1등은 따 놓은 당상이요 끝내 운동회 달리기까지 섭렵하더니 훗날 그 재바름은 부지런함이 되어있었다. 아침부터 굶은 채 방학 자율학습을 하고 온 어느 날, 힘없이 방문을 여는데 새우깡 한 봉지가 나를 기다리고 있었다. 힘내라는 그녀의 편지와 함께 냄비에 따뜻한 밥까지 지어져 있었다. 새우깡은 나에게 인순이다. 그녀는 늘 나의 에너자이저였다.

같은 중학교를 진학한 종화는 무던하기가 대룡산 큰 바위 얼굴 같다. 인자하신 부모님 밑에서 자라서일까 화내는 얼굴을 본 적이 없다. 변변한 겉옷 하나 없이 겨울을 나던 나에게 그녀는 아무런 대가 없이 외투를 내주기도 했었고 귀찮은 기색 한 번 없이 자취방을 우리의 아지트로 내어주곤 했다.

아랫마을에 살던 선민이는 꽃같이 이쁜 아이다. 뽀얀 얼굴색에 반쯤 짱구인 앞이마가 동글동글 반짝이던 그녀는 공부까지 잘해 늘 여자 반장을 도맡아 했다. 선민이네 집은 빨간 장미 넝쿨과 보도블록 징검다리가 현관까지 이어진 그 동네 유일한 양옥집이었다. 지금도 불로불소의 얼굴을 한 그녀에게 마음을 뺏긴 머스마들은 일없이 선민이를 괴롭혔고 그 일은 지금도 트라

우마로 남아 있다고 어느 날 동기 모임에서 웃음으로 던진 폭탄 선언이 머스마들의 간담을 서늘하게 했다.

필선이는 억척 소녀 가장이나 마찬가지였다. 농사일로 바쁘신 엄마를 대신해 동생을 돌본다고 한 해 늦게 입학한 그녀는 사실 말띠 아닌 말띠다. 말띠랑 놀면 저절로 말띠가 되는 거다. 내 맘이다. 인순이와 필선이가 같이 살던 자취방에서 함께 자던 날 연탄가스를 마신 적이 있다. 깨질 듯이 무거운 머리를 어찌할지 몰라 물구나무서기를 시도하며 발버둥 칠 때 마침 주인아줌마의 동치미 국물 한 사발로 살아남은 이야기는 아직도 우리들의 수다 반찬이다. 부산살이를 먼저하고 있던 그녀는 나의 부산생활에 큰 의지가 되어주었다.

머스마들이 또 고무줄을 끊었나보다, 약을 올리며 뛰어가는 그들을 따라 악을 쓰며 잡으려는 가시나들의 소리가 울려 퍼진다. 느티나무를 잡고 요리조리 고개를 돌리며 혀를 내미는 그들에게 돌멩이를 힘껏 집어 던진다. 한 놈이 맞았다.

"아얏!" 꼬시다.

욕지거리를 내뱉는 머스마들을 뒤로 하고 얼은 운동장 한가운데로 도망치다 그만 다시 소용돌이에 휩싸인다. 사진을 자세히 보니 다들 겁먹은 얼굴만은 아니다. 턱을 반쯤 추켜올린 아이, 그 어느 때보다 가슴을 쫙 펴고 앞을 노려보는 아이, 입술을 앙다문 아이…. 모두가 그리운 얼굴들이다. 돌아보면 부모님께 가장 감사한 일 중 하나가 너르기 동네로 이사를 간 것이다.

얼마 전 모임에서 환갑 기념 여행을 가자며 매달 일정 금액을 저축하자는 의견이 나왔다. 환갑나이에도 아직 돌봐야 할 식구가 있어 사실 내 몸은 자유롭지 못하다. 시간이 되면 일시금을 내고 합류하겠다는 판 깨는 소리를 던지며 "요새 누가 환갑잔치를 하노? 환갑여행은 가족과 함께."라고 쉰 소리를 하고 말았다.

"그래도 친구들아! 기다려주라. 환갑여행은 장담할 수 없지만 칠순, 팔순이 있으니 두 다리만 멀쩡하면 그때는 꼭 같이 가자."

너르기는 내 청춘의 탯줄이었다. 말띠 친구들을 이어주었고 내 꿈을 잉태해 준 곳이다. 그들은 내게 자양분이 되어주었고 기꺼이 지지대가 되어주었다. 이제 내 차례이다. 오늘 저녁에는 전화라도 한 통씩 넣어봐야겠다.

윤선영

첫 경험은 언제나 설렘을 안겨줍니다. 글로 책을 엮으며, 글이 지닌 힘과 의미를 새롭게 마주하게 되었습니다.
진솔한 글은 열 번을 읽어도 열 번 눈물이 난다는
사실을 깨달으며,
마음의 상처가 그렇게 치유되는 순간을 경험했습니다

종이 호랑이

봄이 오면 온 세상이 다시 태어난 듯한 기분이 든다. 매서운 겨울바람이 지나간 자리에는 부드러운 훈풍이 깃들고, 앙상했던 나뭇가지마다 연둣빛 새싹이 움튼다. 봄바람을 타고 꽃향기가 온 세상을 가득 채우는가 싶더니, 어느덧 하늘은 뿌옇게 흐려지고 미세먼지까지 덮쳐온다. 봄의 순수한 기쁨을 온전히 누리기엔 아직 장애물이 많다. 그래도 마음만은 가벼워지는 듯해 오랜만에 마스크를 꺼내 쓴다.

한때는 마스크 없이 외출하는 일이 상상도 할 수 없던 시절이 있었다. 거리에 나서기 전 마스크를 챙기는 것이 습관이 되고, 사람들 얼굴에서 표정을 읽는 일이 점점 어려워졌다. 그렇게도 가까웠던 마스크와의 관계가 이제는 점점 엷어지고 있다. 그때는 모든 것이 위급했고, 절박했고, 두려웠다. 하지만 시간이 흐르면서 그날의 기억들이 점차 과거가 되고, 세상은 다시 조금씩 편안해지고 있다. 인류가 겪은 숱한 어려움들처럼, 이 일도 결국 지나가는 과정 중 하나였던 걸까.

불과 3년 전의 일이었다. 코로나19 팬데믹은 개인의 삶을 넘어 사회 전체를 뒤흔들며 모두에게 깊은 상처를 남겼다. 우리 가족도 그 거센 소용돌이 속에서 헤어나오지 못했다.

아버지는 일주일 전까지만 해도 매일 만 보를 걸으며 건강을 유지하시던 분이었다. 그런데 갑작스럽게 중환자실에 입원하셨고, 한 달 만에 '사망하셨다'는 믿기 힘든 소식을 접해야 했다.

백신 접종도 철저히 마치셨건만, 그것이 어떤 영향을 미쳤는지는 끝내 알 수 없었다. 노인들이 특히 취약하다는 말이 그제야 절실하게 와 닿았다. 가족들은 허탈한 충격 속에서 무력하게 그 현실을 받아들일 수밖에 없었다.

가족 중 누구도 아버지의 마지막 길을 함께하지 못했다. 병원은 면회를 허용하지 않았고, 얼굴이라도 잠시 보려면 코로나 검사를 받고 결과를 기다려야 했다. 번거롭고 까다로운 절차 앞에서 가족들은 발만 동동 구르고 있었다. 그러는 사이, 모든 일이 너무도 빠르게 진행되었고, 우리는 그저 정신 차릴 겨를도 없이 현실을 받아들여야 했다.

아버지를 떠나보낸 순간, 자식들이 할 수 있었던 일이라곤 대성통곡하며 시신을 마주하는 것뿐이었다. 충격과 슬픔 속에서 누구도 제대로 된 판단을 할 수 없었다. 그저 이 일이 어떻게 이렇게까지 되어버렸는지, 병원에 문제를 제기해야 하는 것은 아닌지, 그런 생각이 겨우 장례식장에서야 들었다. 하지만 그때는 이미 모든 것이 지나버린 뒤였다. 그만큼 우리는 넋을 놓고 있었고, 마음속에는 이루 말할 수 없는 허망함만 남았다.

팔순 잔치 때만 해도 병원 근처에 갈 일이 없었던 아버지였다. 평소 건강에는 누구보다 자신 있었고, 규칙적인 생활을 유지하며 자식들에게 걱정을 끼칠 일이 없었다. 흔하디흔한 건강보조식품조차 필요 없다며 손사래 치던 분이었다. 장남이 경찰이 된

후로는 더욱 모범적인 삶을 살려고 애쓰셨고, 스스로 자식들에게 부담을 주는 일이 없도록 조심하셨다. 깐깐하고 고집이 센 엄마와는 달리, 아버지는 자식들이 하자는 대로 다 따라주셨다. 그만큼 우리 가족에게 언제나 넉넉한 품을 내어 주셨던 분이었다.

지병이 없었던 아버지 죽음의 원인은 균의 감염이었다. 아버지의 팔에 난 염증은 포도상구균 감염으로 알려졌다. 수술까지 했지만, 도리어 감염 부위가 넓어져 패혈증으로 이어졌다고 했다. 얼굴조차 볼 수 없는 상황에서 듣는 이야기들은 모두 허공에 둥둥 뜬 구름 같았다. 전화로 묻고 답하는 식의 면담은 실감이 나지 않았다. 처음 듣는 균 이름에 엄마는 "포도를 먹은 적도 없는데 무슨 소리를 하노?"라고 하며 대수롭지 않게 여겼다. 그러나 상황은 점점 악화되었고, 결국 아버지는 중환자실을 떠날 수 없게 되었다.

"할 수 있는 모든 조치를 다 해 주세요." 간곡히 부탁드렸다. 가까이에 사는 남동생이 대표로 겨우 면회를 허락받았다. 아버지는 너무 힘겨워 하셨고, 동생은 몇 마디 말도 못 한 채 아버지 말씀만 들어드렸단다. 손 한번 제대로 잡아 드리지 못한 채, 그 길로 아버지는 돌아오지 못하셨다.

시신으로 돌아온 아버지를 염할 때, 분칠한 얼굴은 평온해 보였지만 입술을 깨문 자국이 선명히 남아 있었다. 자식들은 그 모습을 평생 잊지 못할 것이다.

그 전 해의 어버이날, 아버지와 함께한 기억이 생생하다. "나중에 아버지랑 실컷 놀게요." 맛있는 소바를 함께 먹고, 고돌빼기를 캐러 갔던 그 날. 퇴직하면 시간이 많을 테니 여유롭게 놀자던 나의 말이, 이제는 그렇게도 부질없게 느껴진다. 그날 이후로 '나중에'라는 말을 쉽게 꺼내지 않게 되었다.

어릴 적 읍내 아이들은 학교 끝나면 온종일 놀기 바빴다. 엄마가 부르기 전까지, 심지어 저녁을 먹은 후에도 가로등 아래 모여 밤이 깊어질 때까지 놀았다. 여름 벌레들이 윙윙거려도 고무줄놀이, 술래잡기, 무엇이든 즐겁기만 했다. 가끔 아버지가 일하시다 말고 불시에 집에 들어오면 비상이었다. 아이들이 공부는 제대로 하는지, 숙제는 했는지 점검에 들어갔다. 가방을 줄줄이 가져오라 하셔서 내용물을 다 펼쳐 보여야 했다. 그 당시 아버지 마음에 드는 자식은 없었다. 회초리가 손과 종아리에 번갈아 내려앉았고, 한 명이 울기 시작하면 모두 따라 울었다. 아파서 울고, 무서워서 울고, 서러워서 울고, 아기들은 덩달아 울었다. 집 안은 순식간에 초상집이 되었다. 하지만 다음 날이면 머리맡에 상투과자나 센베이 같은 고급 과자가 놓여 있었다. 그 맛은, 세상에서 가장 특별한 맛이었다. 채찍과 당근을 오가며 우리를 길들여 주셨다.

어느 날, 누군가 멀리서 아버지를 본 모양이었다. "호랑이다!"

외치자마자 아이들은 걸음아 날 살려라 집으로 달려갔다. 숙제 하는 척이라도 해야 매를 면할 수 있다는 걸 잘 알았다. 그렇게 아버지는 우리들 사이에서 '호랑이'가 되었다. 어린 마음에, 너무 무서웠기 때문이다. 우리 동네에서 아이들을 때려가며 교육하신 분은 오직 아버지 한 분이셨다. 동시에 가장 열정적인 교육자이기도 하셨다.

아이들의 키가 커가자 더는 손찌검은 하지 않으셨다. 대신 공부를 게을리하면 불호령이 날아들었다. 고함소리에 트라우마가 생겼고, 소리만 들어도 얼굴이 하얗게 질렸다. 우리에게 아버지는 살아 있는 호랑이였다. 제대로 교육받지 못했던 아버지는 자식들만은 꼭 반듯한 교육을 받게 하겠다는 열망 하나로 살아오셨다. 다른 이유는 없었다. '오늘도 내일도 공부'였다. 아이가 다섯, 모두 도시로 유학 보내느라 아버지의 등은 점점 더 휘어갔다. 공부를 썩 잘한 자식은 없어도, 자식 자랑만큼은 아버지의 자부심이었다. 그게 부끄러웠던 시절도 있었다.

자식들이 장성해 집을 떠나고, 부모님만 남으셨다. 어느새 집안은 아버지의 우렁찬 목소리 대신 엄마의 잔소리가 울려 퍼지기 시작했다. 아버지의 서슬에 눌려 살던 엄마는 이제야 묵은 불만을 터뜨리기 시작하셨다. 듣고 보니, 엄마 말이 다 맞더란다. 작은 방엔 쓸데없는 물건들이 한가득이었다. 어지러울 정도였다. 아버지는 더 이상 호랑이가 될 수 없었다. 종이호랑이가 되어버리셨다.

그리고, 그 종이호랑이의 빈자리는 누구도 채울 수 없다. 시간이 지날수록, 왜 이리 선명하게 떠오르는지. 꿈속에도 가장 자주 나타나는 사람이 아버지다. 때로는 엄한 모습으로, 때로는 장난기 어린 모습으로. 울다가 웃다가, 마음이 뒤섞인다. 종이호랑이를 다시 만나게 되는 그날까지, 꿈에서라도 자주 뵐 수 있기를.

오늘 따라 유난히 호랑이 같던 생전 모습이 그립기만 하다.

반딧불이, 그리고 자유

어느덧 내 나이도 인생의 중반기를 지나고 있다. 세월이 쌓이고, 걸어온 길을 되돌아보며 문득 스스로에게 묻게 된다. '나의 전성기는 언제였을까?' 아직 인생사 새옹지마를 논하기엔 이른 감이 있지만, 돌아보면 내 삶에서 가장 빛나던 순간은 40대 후반에서 50대 초반이었을 것 같다.

그 시절 나는 스스로를 '전성기를 사는 사람'이라며 자부심 가득하게 떠벌리고 다녔다. 아이들이 엄마의 품을 떠나기 시작하자, 삶은 한층 가벼워졌다. 마음도, 몸도 자유로워졌고, 시간과 경제적 여유가 나를 둘러싼 세상을 향해 나아가도록 했다.

그 전까지는 가뭄에 콩 나듯 떠났던 여행이, 그때는 마치 '닥치고 여행'이라는 모토 아래 거침없이 이어졌다. 사람들은 나를 '바쁜 여사님'이라 불렀고, 연간 일정표는 빼곡한 여행 계획으로 가득했다. 국내 곳곳을 누비고, 동남아는 순회공연처럼 다녔으며, 가까운 일본은 양념처럼 가볍게 다녀왔다. 그리고 긴 여정의 유럽 여행은, 내게 남다른 감동을 안겨준 특별한 순간이었다.

여행의 설렘에 취해 거의 중독 수준으로 떠났던 그 시기. 누군가는 그것을 '발악의 시기'라 불렀지만, 내게는 온전히 내가 원하는 삶을 살아갔던 시간이자 가장 빛나던 날들이었다. 비록 잔고는 가벼워졌지만, 마음 속 지도는 그 어느 때보다 넓어졌다.

가장 기억에 남는 장면을 꼽자면, 화려하거나 비싼 곳이 아니라, 의외로 '가성비 갑'이었던 말레이시아 코타키나발루의 여행이 떠오른다. 첫날은 잘 기억나지 않지만, 둘째 날은 지금도 선명하다. 인공적인 빛 하나 없는 맹그로브 숲, 우리는 강을 따라 배를 타고 깊숙한 곳으로 들어갔다. 이 보르네오섬의 숲은 지구 산소의 큰 부분을 담당한다고 했다. 어둠은 칠흑 같아 신비로웠고, 약간의 공포가 스며들었지만, 해설사의 설명이 더욱 귀에 꽂혔다.

그러다 배가 강의 코너를 도는 순간, 숨이 멎을 듯한 광경이 펼쳐졌다. 칠흑 같은 어둠 속에서 갑자기 별빛이 쏟아지듯 하늘이 눈앞에 펼쳐졌고, 그 아래로 반딧불이들이 무수히 날아들었다. 강의 끝자락에서부터 시작된 그 장관을 하나도 놓치지 않으려 애쓰며 눈에 담았다. 초자연적인 숲은 그 자체로 압도적이었고, 총총한 별보다도 더 빛나던 반딧불이의 무리는 비현실적으로 느껴질 만큼 황홀했다. 자연의 위용 앞에서 말문이 막혔고, 나는 조용히 눈을 감고 심호흡을 하며 그 풍경을 마음에 새겼다. 사진으로는 도저히 담아낼 수 없는 순간이었다. 그래서 나는 그 장면을 '인생 컷'이라 부르며, 스케치를 하듯 오래도록 바라보고 기억 속 깊이 새겨 넣었다.

그 장면이 지금도 생생한 이유 중 하나는, 함께했던 친구 때문이다. 그녀는 그 그림에 생명력을 불어넣은 존재였고, 지금은 하늘나라의 별이 된, 아니 맹그로브 숲을 지키는 반딧불이가 된 친구다. 그날, 우리 둘의 손에도 반딧불이 한 마리씩 내려앉았다. 내 손에는 여러 마리가 있었고, 친구의 손에도 한 마리가 들어왔다. 그런데 친구는 얼른 놓아주라고 성화였다.

"이렇게 잡혀 살면 죽어. 자유롭게 훨훨 날아가야지."

작은 목소리였지만, 나에게는 큰 울림이었다. 자조 섞인 말투에서 그녀의 삶이 읽혔다. 떠나오는 날까지 숲에서의 느낌을 얘기하며 시간이 멈추었으면 좋겠다고, 반딧불이의 자유가 부럽다고 말했던 친구였다.

그녀는 그 여행이 생애 첫 여행이었다. 가정환경에 대해 자세히 알 수는 없었지만, 보수적인 집안에서 자라 "시집을 가면 죽어서도 그 집 귀신이 되어야 한다"는 말을 듣고 자랐다고 했다. 시집살이는 고됐고, 시어머니와의 관계는 일방적이었다. 한 차례 가출을 감행했지만, 모질지 못한 성격 탓에 단 하루 만에 끝난 해프닝이었다.

그래도 버티고 버티다 분가했고, 새로운 시작으로 어린이집을 운영하게 되었다. 은행 융자로 시작한 어린이집은 친구에게 안성맞춤의 피난처가 되었고, 각종 모범 표창장까지 받을 만큼 성실하고 똑 부러지는 운영으로 아이들과 학부모의 신뢰를 얻었다.

경제적 안정도 이루었고, 명예도 자연스럽게 따라왔다. 하지만 정작 그녀는 자신이 번 돈을 자유롭게 쓰지 못했다. 마음이 여러 홀로 계신 시어머니를 위해 작은 아파트를 마련했다. 내심 남편의 너그러움을 기대했지만, 돌아오는 건 실망뿐이었다. 암이 찾아오고 나니 남편은 후회하는 듯한 행동을 보였으나 그도 잠시였다. 그의 구속은 여전히 숨 막힐 만큼 강했다. 그 와중에도 우리는 친구로서 자주 만나려 노력했고, 웃으며 시간을 보냈다.

하지만 그녀에게 허락된 시간은 너무 짧았다. 몇 년간의 투병 끝에 친구는 결국 세상을 떠났다. 그녀의 죽음을 앞에 두고 우리는 분노했다. 평생 남편에게 시달려 온 삶, 심지어 병상에서도 자유롭지 못했던 친구. 아무리 집을 말끔히 정리해도 먼지를 찾아내며 트집을 잡던 남편, 친구가 번 돈을 움켜쥐고 마음대로 쓰지 못하게 하던 남편, 그녀가 외부 활동을 하지 못하도록 막아왔던 남편. 우리는 그가 친구의 병을 악화시킨 원인 중 하나라고 입을 모았다.

'오늘은 어제 죽음을 맞이한 자가 그토록 살고 싶어 했던 하루'라는 말을 떠올린다. 그녀는 내게 세상에서 내가 제일 부럽다고 몇 번이나 말하곤 했다. 왜 나였을까? 지켜야 할 것이 없었던 자유로운 삶이 부러웠던 걸까, 어떤 일이든 든든히 뒷받침해 주는 남편의 존재가 부러웠던 걸까. 분명한 건, 그녀가 원했던 것은 '자유로움'이었다. 슬픔으로 가득했던 친구는 마지막까지 사투를 벌이며 고단한 생을 마쳤고, 아마 천국에 가서야 비로소 진정한 자유를 찾았을 것이다.

  그녀가 남긴 말들은 오랫동안 내 마음에 머물며 책임처럼 느껴졌다. 나는 과연 그녀가 바라던 삶을 대신 살아내고 있는 걸까? 하루하루를 허투루 보낼 수 없는 이유가 바로 여기에 있다. 유난히 영리하고 강인했던 그녀를 온전히 따라갈 수는 없겠지만, 적어도 그녀처럼 곧고 바르게, 성실히 살아가겠다고 다짐한다.

  그녀의 죽음 이후, 나는 많은 것을 되돌아보게 되었다. 인생의 중반기에 접어들며 신체의 노화는 시작되었지만, 마음에는 오히려 새 살이 돋는 듯했다. 어쩌면 지금이야말로 진정한 삶의 또 다른 시작점인지도 모른다.

한 번으로 끝낼 수 없는 박찬욱 영화의 세계

나는 반복되는 것에 쉽게 싫증을 느끼는 편이다. 영화나 드라마도 마찬가지다. 한 번 보면 충분하다. 줄거리도 알고, 결말도 아는데 다시 본다는 건 내게 좀처럼 없는 일이다. 하지만 박찬욱 감독의 영화만큼은 다르다. 한 번 봐도 무언가 놓친 것 같은 기분이 들고, 끝났다고 생각했는데도 다시 열어보고 싶은 장면들이 떠오른다. 그의 영화는 결말이 아니라, 또 다른 시작처럼 다가온다. 다시 본다는 건 곧, 다시 시작한다는 의미가 된다. 그렇게 나는 박찬욱의 세계를 따라 다시 걷는다.

처음 그의 영화를 볼 때는 압도적인 충격과 몰입이 앞선다. 화면의 미장센, 감정의 폭발, 인물의 파멸까지 – 모든 것이 강렬하게 휘몰아친다. 그런데 두 번째 관람에서는 그 틈 사이로 작고 미묘한 것들이 보이기 시작한다. 인물의 숨결, 손짓, 사라진 말들. 처음엔 미처 인식하지 못했던, 그러나 영화 전체를 더욱 깊고 촘촘하게 만드는 요소들이 여기저기 흩어져 있다. 마치 감독이 처음부터 '다시보기'를 염두에 두고 영화를 설계한 것처럼, 새로운 세계가 서서히 드러난다.

그의 영화 중 내게 첫 번째로 큰 충격을 안긴 작품은 단연 '올드보이(2003년)'다. 그 영화로 박찬욱 감독은 '깐느 박'이라는 멋진 별칭과 함께 세계적인 명성을 얻기 시작했다. 나는 그 영화를 본 뒤엔 외국영화가 눈에 들어오지 않을 정도였다. 우리나라에도 이런 영화를 만드는 감독이 있다니, 그 사실이 놀랍고 자랑스러워서 가슴이 벅찼다. 그야말로 '총 맞은 것처럼' 멍한 상태였다. 그 영화를 계기로 박찬욱의 이전 영화들을 모두 찾아 보게 되었다.

그렇게 거슬러 올라가 만난 작품이 바로 '복수는 나의 것(2002년)'이다 놀랍게도 그 영화는 '올드보이(2003년)'보다도 더 강렬했다. 처음엔 몰랐다. 신하균과 배두나 같은 연기파 배우들의 신들린 듯한 연기에 압도되어 그 모습에만 몰입했다. 끔찍한 장면들이 지나갈 땐 "와, 대단하다"라는 감탄만 흘렸다. 누가 누구를 속였는지, 어디서부터 이야기가 망가지기 시작했는지도 모른 채, 화면 속 인물의 감정에 휩쓸리다 끝나버린 셈이다.

그런데 그 감정의 끈이 나를 놓아주지 않았다. 시간이 지나도 자꾸만 떠오르고, 이 감독이 진짜 말하고 싶었던 게 뭘까 궁금해졌다. 결국 다시 보게 되었다. 처음에는 피가 먼저 눈에 들어왔지만, 두 번째에는 그 속에 감춰진 상처가 보였다. 인간미가 느껴지면 감동으로 이어진다. 이 작품은 흥행에는 실패했지만, 그의 팬들 사이에서는 지금도 높은 평점을 받는 영화다.

그가 대중에게 알려지기 시작한 작품은 '공동경비구역 JSA(2000년)'이다. 영화관에서 재밌게 봤지만 박찬욱이라는 이름은 금새 지워졌다. 그러다 그의 이름이 다시 떠오른 건 '올드보이'를 보고 난 후 이다. 그의 이름이 내 머릿속에 각인되었다.

강렬한 장면들이 끊임없이 떠올랐다. 초록빛으로 억눌린 공간에서 몸부림치던 오대수는 결국 붉은 폭발로 터져 나왔다. 그리고 살아 있음을 확인하려는 듯 산낙지를 씹어 삼키던 그의 절박한 얼굴이 잊히지 않았다. 다시 한 번 이 영화를 보고 싶어졌다.

그 후 나는 그의 작품 세계에 더욱 깊이 빠져들었고, 다음 작품이 나오기를 설레는 마음으로 기다렸다. 기대에 부응하듯, 박찬욱은 복수 3부작의 마지막을 장식하는 '친절한 금자씨(2005년)'를 세상에 내놓았다. 살랑거리는 원피스를 입고 천연덕스럽게 감옥 문을 나서며 이영애가 내뱉는 한마디, '너나 잘하세요'. 이영애의 이 대사는 큰 화제를 모으며 유행어가 되었다.. 이로써 박찬욱의 복수 서사는 완성되었고, 나는 그 모든 작품을 결국 '두 번씩' 보게 되었다.

복수와 증오에 지칠 무렵, 그의 작품 중 유일하게 12세 관람가로 개봉한 '싸이보그지만 괜찮아(2006년)'가 나왔다. 정신병동의 세계를 그린 색다른 시도이기도 하고 로맨스와 환타지를 결합한 독특한 작품이다. 훗날 그는 망상과 환상을 공유한 환자들의 세계를, 활기넘치는 장소로 만들고 싶었다고 했다. 그리고 실험적인 작품을 하고 싶기도 했고, 그 당시 본인에게 꼭 필요한 작품이었다고 회상한다. 관객이 받아들일 준비를 하기도 전에 장면 전환이 빠르게 일어나는 재미있는 구석이 많다. 등장인물들 모두 세상에서는 '비정상'으로 여겨지지만, 병동 안에서는 있는 그대로의 자신으로 존재한다. 그러니 가장 순수하고 자유로운 장소에서의 사랑얘기로 만들었다.

정상이 아닌 세계를 그렸던 '싸이보그지만 괜찮아'에 이어 박찬욱은 또 하나의 독특한 작품 '박쥐(2009년)'를 내놓았다. 뱀파이어 영화인지라 처음 봤을때는 가히 충격적이었지만 두 번 째 관람에서는 전혀 다른 감정이 밀려온다. 끝간데를 모르는 인간의 욕망과 도덕적 갈등 사이에서 흔들리는 인물들의 강렬한 연기가 일품이다. 그의 작품 다수가 그렇듯이 단순한 공포물이 아니다. 매우 독창적인 형식 속에서, 그는 인간의 죄책감과 욕망, 구원과 파멸이라는 철학적 질문을 던져 놓는다. 마지막에는 역시 긴 여운을 남긴다. 그래서일까. 박찬욱의 팬들 사이에서는 박쥐를 그의 최고작으로 꼽는 사람이 많다.

헐리우드 진출작인 '스토커(2013년)' 역시 만만치 않은 작품이었다. 심리 스릴러 장르의 독특한 분위기가 있는데 그런 점을 잘 살려 연출했지만, 기존의 한국영화만큼 폭발적인 반응을 얻지는 못했다. 꽉 차지 않은 영화관에서, 엔딩 크레딧이 올라간 후에도 한참을 자리에 앉아 있었던 기억이 난다. 니콜키드먼을 비롯한 외국 배우들의 절제된 연기, 음악과 미장센의 조화는 매우 세련되게 느껴졌다. 개인적으로 꽤 만족스러운 작품이었다.

그 후 이어지는 결작들이 '아가씨(2016년)', '헤어질 결심(2022년)'이다. 유일하게 이 두 작품 두 번 보기를 미루고 있다.

앞의 작품들과 마찬가지로 첫 번째의 강렬한 인상을 지울 수 없는 영화들이다. '아가씨'는 사라 워터스의 소설 '핑거스미스'을 원작으로 연출 하였기에 소설을 읽어보고 싶어 미루다 한 번 더 보기를 놓쳤다. 감독 특유의 미장센과 감각적인 연출이 뛰어나서 장면들이 눈에 선하다.

'헤어질 결심' 역시 아껴놓았다가 나중에 더 맛있게 먹으려는 곶감처럼 하나씩 빼 먹을 요량으로 남겨둔 작품이다. 주인공 캐스팅에 놀라움을 금치 못했고 심리적 표현들 하나하나가 깊은 여운을 남겼다. 누군가는 기본적으로 세 번은 봐줘야 할 작품이라고 했다. 나 역시 격하게 공감한다.

개봉 첫날 영화를 보는 순간, 박찬욱 감독의 작품 세계에 더욱 깊이 빠져든다. 후기를 공유하며 팬들의 다양한 시각을 접하고, 예리한 분석을 통해 영화 속 숨은 디테일까지 발견하게 된다. 그의 치밀한 연출력에 감탄하며, 결국 다시 한번 그의 작품에 매료될 수밖에 없다

박찬욱 감독의 팬이어서일까, 그의 영화를 보고 나면 단순한 감상으로 끝나지 않는다. 이상하게도 영화의 의미를 탐구하는 버릇이 생겼다. 그가 전하는 '사랑'에 대한 탐구이다. 굉장히 뒤틀리거나 금기 된 형태이다. 박찬욱만이 가진 인간 본연의 모습을 바라보는 독특한 시선이다. 그의 독창적인 시선을 존경하게 되었다.

처음의 느낌과 몰입을 분석하고 그 속에 숨겨진 뜻은 무엇일까, 그가 전하고자 하는 메시지는 무엇일까, 등등 곱씹어 보게 되는 힘이 있다. 그래서 '한 번'으로 끝낼 수 없다.

나는 '올드보이'를 통해 그의 이름을 마음속에 새겼고, 복수 3부작을 통해 인간의 본질을 들여다봤다. '박쥐'에서는 인간의 끝없는 욕망과 죄책감이 교차하는 강렬한 순간을 목격했고, '헤어질 결심'에서는 사랑과 의심이 얽힌 미묘한 감정을 경험했다. 그의 영화는 언제나 끝이 아니라, 새로운 시작이 된다. 나는 여전히 그의 영화 속을 거닐며, 다음 작품이 들려줄 새로운 이야기를 기다린다.

아디안텀

우리는 살아가면서 의식주를 필수적인 요소로 여기지만, 그 너머에는 삶을 더욱 풍요롭게 만드는 존재들이 있다. 반려동물의 온기, 반려식물의 싱그러움, 반려악기의 울림 등등. 이들은 단순한 취미를 넘어 우리의 일상을 채우는 특별한 동반자가 된다.

나에게도 그런 애착의 대상이 있다. 바로 아디안텀이다. 제목을 이렇게 정하니, 내가 원했던 신비로운 분위기와 어울려 자연스레 호기심을 자아낸다. 이 글을 통해 아디안텀의 매력을 더 많은 사람들에게 전하고 싶어진다.

이 식물은 눈에 띄게 쑥쑥 자라지 않는다. 하지만 묵묵히, 자신만의 방식으로 성장한다. 새로운 싹이 돋아날 때면 작은 잎들이 돌돌 말려 마치 어린 고사리 속대처럼 부드럽고 여리다. 열대 아메리카가 원산지인 이 양치식물은 고사리강에 속하는 다년초이다. 시간이 흐를수록 그 신비로운 존재감은 더욱 깊어져 간다. 말려 있는 어린순이 언제 펼쳐질까, 목 빠지게 기다려도 쉽게 펴지지 않던 것이 시선을 딴 데 두고 못 본 척하면 슬그머니 펴서 모습을 드러낸다. 섬세하고 우아한 연둣빛 잎이 여러 장 달리면 그제야 말아진 등을 완전히 편다. 가느다란 잎이 연두에서 점차 짙은 초록으로 변해 갈 즈음, 줄기도 연한 갈색에서 검은색으로 깊어져 더욱 조화를 이룬다. 잎 모양은 작은 것들이 몽글몽글 모여, 수세가 좋아진 작은 은행나무를 닮아간다.

까만 줄기 위로 초록 잎들이 무성해지면서 점점 단단해 진다. 살짝 뒤집어 살펴보면 포자들이 다닥다닥 붙어 있어 이때쯤이면 다 자란 어른이 된다. 포자를 하나씩 살살 긁어 씨처럼 뿌려 놓으면, 몇 개월 후 초록빛 싹들이 수북하게 올라온다. 이 과정이 참으로 신비롭다.

10년이 지나니 줄기가 굵어지고 커다래져 사방으로 축 늘어진다. 마치 화려한 공작새의 깃털 같아서 '공작고사리'라고도 불린다. 변함없는 사랑으로 그 자리에서 연륜을 쌓아 가며 향기가 깊어지는 사람들과 닮았다.

20년이 지나도 그다지 높게 자라지는 않지만 장식용으로도 멋스럽다. 알고 보니 공기 정화 식물로도 훌륭한 역할을 한다. 자라면 낙엽처럼 변한 몇 개의 줄기만 잘라 주면 다시 초록으로 무성해지니, 사계절 내내 푸름이 나에게 힐링을 준다.

이토록 변함없이 아름다움을 간직한 식물이 곁에 있다는 것만으로도 위로가 된다. 오랜 세월이 지나도 한결같이 나를 감싸 주는 존재. 그래서일까, 공작고사리를 바라볼 때마다 작은 기쁨과 평온함이 마음 깊숙이 스며든다.

그만큼 매력적인 식물이다.

우리 집 베란다에는 하얀 철제 선반 두 개가 놓여 있다. 아이들이 제 밥벌이를 하며 반독립을 하고 난 뒤, 자연스럽게 관심이 식물로 옮겨졌다. 선반이 없던 시절에도 식물들은 잘 자라주었는데, 아마도 남향 베란다의 햇빛 덕분이었을 것이다.

식물을 키우면서 자신감이 붙자, 본격적으로 투자도 하게 되었다. 예쁜 화분으로 겉옷을 바꿔주고, 영양제도 듬뿍 주며, 음악을 들려주고, 말을 건넸다. 배양토를 구입해 본격적인 분갈이를 시작했다. 덩치 큰 아이들은 나누어 심고, 삽목이 가능한 식물들은 작은 화분에 옮겨 심었다. 애착 식물 1호인 아디안텀에게는 더 특별한 정성을 들였다. 하루 종일 고된 작업이었지만, 예쁘게 단장된 화분들을 바라보니 뿌듯함이 가득했다.

그러나 예상치 못한 순간이 찾아왔다. 망연자실이라는 표현이 딱 들어맞았다. 분갈이한 지 채 한 달도 되지 않아 아디안텀이 시들기 시작했다. 잎이 마르고 고사 직전이었다. 수십 년 동안 식물을 키우면서 처음 겪는 일이었다.

그 순간, 문 앞에 서 있던 친구의 모습이 떠올랐다. 도자기 화분을 안고 찾아왔던, 긴 생머리의 예쁜 친구. 33년 전, 꽃집에서 일하던 친구가 무거운 화분을 품에 안고 몇 번이나 버스를 갈아타며 집들이 선물로 가져왔다. 그 무게를 나중에야 알고, 우리는 '독하다'며 웃었던 기억이 난다. 그때는 이사를 하면 축하의 의미로 집들이가 당연한 의식처럼 여겨졌고, 상다리 부러지게 음식을 차려놓고 웃고 떠들던 시절이었다.

꽃이나 식물에는 아무런 관심이 없었고, 이름조차 물어보지 않았다. 그저 베란다 구석에 두고, 겉흙이 마르면 물만 줬다. 화분도, 식물도 모두 예뻤다. 큰 잎이 시들려고 하면 아래에서 말린 고사리 같은 싹이 앙증맞게 올라왔다. 그 모습이 신기했고, 십 수 년이 흐른 뒤에서야 비로소 식물 이름이 궁금해졌다. 찾아보니 '아디안텀', 키우기 어려운 식물이라는 설명이 덧붙여 있었다.

오랫동안 어렵지 않게 키우다 보니, 내가 특별한 재주가 있다고 착각했다. 친구에게 전화로 자랑했던 게 엊그제 같은데, 이렇게 시들게 둘 수는 없었다. 없는 것 빼고 다 있다는 다이소에 달려가 액비와 영양제를 사서 물에 타 주기도 했다. 할 수 있는 건 모두 해봤다. 바퀴 달린 선반 덕분에 화분을 거실과 베란다로 옮기며, 여름엔 선풍기 바람을 쐬어주고, 조명도 켜주었다. 그럼에도 불구하고, 마치 내 노력을 비웃기라도 하듯 식물들은 점점 상태가 나빠졌다. 삽목에 성공한 아이는 몇 없었고, 여름 더위에 제라늄은 뿌리가 썩어 시들고 말았다. 겨울이 오자 란타나, 만데빌라, 쟈스민, 금전수, 베고니아... 한때 꽃을 피우던 식물들이 더는 예전 같지 않았다. 겨우 명맥을 유지하는 몇몇 식물만이 살아남아 있었다.

그 중에서도 압권은 역시 아디안텀이었다. 정성껏 뿌리를 소분하고, 칼슘 보충한다고 계란껍질 가루까지 더했던 식물이었는데, 결국 넘침은 모자람만 못하다는 말을 몸소 증명했다. 네 개로 나눈 화분 중 셋은 모두 말라버렸고, 단 하나만이 나를 위로해 주고 있었다. 내 머리 뒤, 선반 한 켠에서 고사리 같은 연두 잎이 조심스레 올라오고 있었다.

다시는 애지중지하지 않겠다고 다짐하면서도, 그 하나가 얼마나 반가운지 몰랐다. 그러나 이제는 너무 가까이 다가가지 않는다. 학습된 교훈이다. 원칙만 지키고, 흙이 바싹 마르면 그때야 흠뻑 물을 주며 바라보았다. 무심함이 아디안텀을 살리고 있었다. 한때 **빽빽**하던 잎들은 엉성하게 듬성듬성 돋아나, 이제는 줄기의 개수를 셀 수 있을 정도다.

처음 겪는 일이기에, 원인을 곰곰이 분석해 보았다. 더위에 지친 제라늄은 기온 탓이라 치고, 나머지 식물들은 상토를 잘못 선택했거나, 과도한 거름, 혹은 물을 너무 많이 준 탓일 수 있다. 너무 많은 관심이 결국 문제였던 것이다. 어루만지고, 달래고, 들여다보던 내 손길이 오히려 그들을 병들게 했다.

"식물과 교감하려면 적당한 거리와 틈이 필요하다". 나무 의사 우종영 선생님의 책 『나는 나무에게 인생을 배웠다』에서도 그랬다. "나무에게 뭔가를 하기 전에는 반드시 물어보라"고 했다. 참으로 명언이다. 묻지도 않고, 내 욕심대로 했던 나는 나무를 병들게 한 장본인이었다.

문득, 소노 아야코의 『약간의 거리를 둔다』라는 책도 떠오른다. 사람 사이에도 마찬가지다. 친하다고 해서 상대의 삶에 지나치게 개입하면 결국 멀어진다. 친구로부터 감상이나 의견을 구하기 전까지, 함부로 참견하지 않는 것. 그 거리두기가 건강한 인간관계를 만든다.

식물도 사람도 마찬가지다. 과한 애정은 때로 숨을 막히게 한다. 적당한 거리와 틈, 그 속에서 관계는 비로소 건강하게 자란다. 아디안텀을 바라보며 배운 이 교훈은 비단 식물에게만 해당하는 것이 아니다. 삶의 모든 관계 속에서 우리는 때때로 너무 가까이 다가가거나, 너무 멀어지기도 한다. 그 균형을 찾는 것이야말로 가장 어려운 일이 아닐까.

이제는 조급함 없이, 그저 묵묵히 바라본다. 천천히, 아주 천천히 자라나는 연둣빛 싹을 보며, 나도 그렇게 단단해지고 싶다.

한혜경

누에고치 속에 꽁꽁 갇혀있었던 내 모습들을
하나씩 들춰내보았다. 옛 얘기들로, 사뭇 옛된 소녀처럼
또 어린 아기처럼 놀아보았다. 아름다운 추억이 되었다.
애쓰신 김민혜 선생님께 감사드리고
후배 이명희씨에게도 고마움을 전한다.

검은 화석

하늘에서 내리는 싸락눈이 강한 바람과 함께 내 뺨을 두드려 댄다. 삼월 중순임에도 싸늘한 한겨울 날씨이다. 버스가 눈과 함께 바람을 타고 달린다. 을씨년스럽다. 내 마음이 아직 봄을 받아들이지 못해서인가? 내게 봄은 언제 오려나!

삼월엔 할머니 제사가 있기도 하다. 제사상에 올린 할머니의 영정사진을 보노라면 슬픈 감정이 밀려온다. 할머니 모습은 새까만 얼굴에 살이라곤 하나도 없이 깡 마르고 눈은 움푹 들어가서 우수에 차 있다. 머리 뒤쪽에는 알루미늄 비녀를 꽂았고 마치 동남아 어느 시골에 앉아 있는 노인네의 모습과 흡사하다.

어린 시절 기억으론 할머니의 손톱과 발톱은 모두 새까만 돌멩이를 붙여 놓은 것 같았다. 내가 세 살부터 여덟 살까지 할머니와 함께 살았는데 여덟 살 봄에 할머니는 위암으로 돌아가셨다. 할머니는 아주 조용하고 늘 우울했던 것으로 기억된다. 동네 할머니들과 잘 어울리지도 않았다. 가끔 할머니의 작은 항아리 속에선 일 원짜리 지폐가 나오기도 했는데 그 돈으로 눈깔사탕 하나를 사서 온종일 빨아 먹으며 동네 골목에 서성이던 내가 떠오른다.

어느 날, 할머니를 따라 꽤 먼 거리에 있는 밭으로 갔다. 신작로를 따라 한참을 걸어갔다. 몇 개의 다른 밭의 돌담을 넘어야 우리 밭에 다다를 수 있었다. 밭 주위에는 거친 용암과 가시나무 덤불들로 인해 어린 나는 넘나들기가 무척 힘들었다. 여느 또래 아이들보다 특히 키가 작았기 때문이다. 동네 사람들이 "까마귀가 채어 갈라 조심해라!"라고 했을 정도였다. 할머니는 그 넓은 밭에 마늘, 보리, 고구마를 재배했다. 어릴 때 주식은 꽁보리밥에 된장이 모두였다. 하루 한 두 끼는 '빼때기'라는 건조된 고구마를 사카린과 물을 듬뿍 넣어 죽처럼 조리 한 것을 먹었다. TV에서 어느 관광지의 힐링 음식이라고 소개를 하는 장면을 본적이 있는데 생각만 해도 신물이 올라왔다. 힘들게 밭에 도착한 나는 따뜻한 풀밭에 누워 할머니의 사각거리는 호미 소리와 몸뻬 바지 스치는 소리를 자장가처럼 들으며 오수에 빠지기도 했다. 잠결에 들리는 소리는 정말 나를 행복하게 해주었다. 점점 할머니가 가까워짐을 점치기도 하였다. 파란 하늘아래, 드넓고 새파란 보리밭에 할머니와 함께 있다는 것이 무척 좋았다. 가슴속이 그냥 꽉 찬 느낌이었다. 평온하고 포근하면서도 애잔한 느낌이 번져간다.

할머니는 점심을 먹으면서 밭 둘레에 심겨진 사철나무 몇 그루를 가리켰다. "저 나무들 다 니네 아방이 심은 거여." 그 나무는 삼나무였던 것으로 기억한다. 왜, 나는 그 나무를 선명하게 기억하고 있을까? 내 나이가 예닐곱 살쯤 때였을 것이다. 아버지를 한 번도 본 기억이 없는데 아버지가 밭 둘레의 삼나무 곁을 서성거렸던 그림이 그려지는 것은 무엇일까. 만들어낸 기억인가? 그런 기억을 떠올릴 때조차 행복했던 나는 아마 어떤 평

크빛 기다림이 있어서였을 것이다. 그 나무는 특히 더 새파래서 마치 아버지를 보는 것 같았다. 다른 날에도 할머니를 따라 아버지 나무를 보러 가기도 했다. 나무를 어루만지면서 콧노래도 불렀지 않았을까. 밭 너머로 보이는 하얀 모래더미와 언덕 위로 펼쳐진 옥빛 바다와 투명한 하늘은 할머니와 함께 항상 그 자리에 있었다. 가끔 외로울 때면 고향의 아버지 나무와 하얀 모래밭과 에메랄드빛 푸른 바다로 날아간다. 그리곤 할머니의 등을 시원하게 쓸어내리는 상상을 한다.

하루는 할머니와 손잡고 초등학교를 찾아 갔다. "우리 손자 일곱 살인디, 핵교 넣으면 안돼쿠꽈?" 어느 선생님에게 물어보았다. 기억으로는 학교에 너무 가고 싶어 했었던 것 같다. 드디어 여덟 살이 되어 고대하던 학교생활을 하게 되었다.

어느 날은 육군 삼사관 학생이었던 작은 아버지가 제복차림으로 학교엘 왔었다. 나는 얼마나 의기양양했었는지, 온 세상이 내 손안에 있는 듯 했다. 나는 자라면서 작은 아버지가 이 세상에서 최고 멋지다고 생각했었다. 겨울 방학이 다가올 즈음 학예발표회 때 발표할 무용을 신나게 연습했다. 밤낮으로 강당 무대에 올라 민요 '도라지' 음악에 맞추어 춤을 추었다. 한 발 한 발 걸으면서 난생 처음 해보는 짜릿한 경험이었다. 할머니께서 나의 재롱잔치를 보러 왔다.

그 즈음 동네에 극장이 들어왔는데 하루는 먼 친척 고모뻘 되는 분이 나를 데리고 영화 구경을 시켜 주었다. 다 보고 밖으로 나왔을 때였다. 어떤 여자 아이가 상기된 바알간 얼굴로 자기 아버지의 품에 안겨 있었다. 나는 그 아이를 넋을 놓고 한참을 바라보았다. 그 여자 아이가 너무 부러웠다. 극장 앞 여러 사람들 틈에 서 있는 일곱 살짜리 쪼끄만 아이 머리위로 달빛이라도 따뜻하게 비춰주었기를 스스로 위로해본다. 나는 오랫동안 그 고모 분을 잊지 않았다.

그 동네 아이들의 최고의 놀이터는 동네 끝에 있는 '바당' 이다. 더운 여름 한 철 딱 몇 감기 좋은 하나뿐인 놀이터이다. 용암 사이로 흘러 들어온 바닷물에서 남아, 여아 모두 알몸으로 신나게 게 헤엄을 치며 놀았다. 지금 생각하면 흉한 일이다. 나는 뜨겁게 달아오른 새까만 용암 바위가 너무 싫었다. 까칠까칠한 돌 위에선 맨발로 서 있기가 힘들었고 편히 앉아 있을 수도 없었다. 주위가 온통 용암이었던 바다 놀이터는 성장한 후에도 가끔 꿈에 나타나기도 했다. 꿈속에서도 그 곳은 위험하고 불안한 곳이었다. 해가 조금 기울어지니 아이들은 형제끼리 삼삼오오 모여 제 집으로 돌아갔다. 혼자 남겨진 나는 저 먼 곳의 짙어진 회색빛 바다를 한 번 바라보았다. 수평선의 잿빛 라인을 끝까지 바라보았다. 털레털레 검정고무신을 끌면서 골목길 돌담을 돌아서 끝에 있는 초가집에 들어섰다. "할망!" 하고 불렀다. 할머니는 흙바닥인 부엌에서 꽁치 한 마리를 굽고 있었다. 나와 할머니는 벌건 짚불에 구워지는 꽁치를 말없이 바라보았다. 점점 옅어져 가는 짚불은 차가운 내 몸을 따뜻하게 데워주었다. 어쩌다 생긴 꽁치 한 마리와 할머니는 나를 아주 행복하게 해주었다. 그 날은 재수가 좋았던 날이었다.

  그 시절 할머니와 나는 남의 집 바깥채를 빌려서 살았다. 마루에서 마당 건너편 주인 집 안채를 바라보면서 어린 나는 주인집을 부러워했다. 주인집 딸은 해녀였다. 하얀 무명으로 된 해녀 복을 빨아 널던 장면을 유심히 바라보곤 했다. '해녀라서 돈을 많이 벌어오나 보다.' 라는 생각을 했다. 겨울바람이 불어 올 때쯤이면 동네 여자 또래 아이들과 광주리 하나씩 꿰어 차고 바닷가로 나갔다. 바위위에 붙어있는 파래를 채취하기 위해서였다. 이모의 말에 의하면 나는 다른 아이들보다 항상 많은 양의 파래를 캐 왔었다고 했다. 얼마 후 아버지의 월급을 열심히 모은 어머니는 그 집을 사게 되었다. 할머니는 안채로 이사 들자마자 위암으로 돌아가셨다.

  할머니가 새까맣게 그을린 꽁치의 껍데기를 다 먹어서 병이 든 것 같아서 죄송했다. 손녀에겐 늘 속살을 발라 주었던 것이다. 할머니보다 앞서 저 세상으로 돌아가신 큰아버지를 향한 그리움과 아픔도 매우 컸을 것이다. 아직도 내 뇌리엔 할머니가 검은 화석으로 남아 있다. 변하지 않는 검은 화석은 내 가슴속에 영원히 묻혀 있다.

다음 생에 다시 만나요

10일간의 명상을 마쳤다. 시골 버스를 타고 약 사십 분 후 진안읍 버스 터미널에 도착했다.

시골 시장 풍경이 소담스러워 잠깐 구경도 하고 터미널에 앉아 있는 할아버지 할머니들의 순박한 모습들도 눈에 들어왔다. 잠시 욕심덩어리인 나를 돌아보았다.

내 인생의 최초 기억은 세 살 때였다. 세 살 터울인 남동생이 태어나는 그 날, 나는 벽에 붙어 하루 종일 울었다. 훗날 친척 어른이 나더러 울기 시작하면 그치지 않는 고집 센 아이였다고 했다. 왜 고작 세 살 배기 아이가 그토록 속을 끓여가며 울음을 멈추지 않았을까?

그 날의 세 살짜리인 아이의 마음이 지금 그대로 전해져 온다. 나를 떼어놓고 도시로 나가 버린 엄마에게 엄청 화가 났던 것이었다. 오랜만에 보는 내겐 전혀 관심이 없는 엄마인데 동생이 태어나니 그에 대한 질투가 섞여서 배를 잡고 종일 울어 대었던 것이다. 아마도 그 때 나는 "제발, 날 좀 봐 달라고…!"라고 속으로 고함치고 있었으리라.

아버지는 부산에서 일을 하셨는지 보이지 않았다. 그 때 어린 나는 엄마가 나를 버렸다고 생각했다. 엄마에 대해 화가 난 나는 대신 아버지를 찾았지만 아버지는 늘 곁에 있지 않았다. 내 아픔을 아버지로부터 치유 받고 싶었고 세 살 적부터 아버지를 늘 그리워하고 기다렸을 것이다.

내가 스무 살이 되었을 때 우리 가족은 아버지의 죽음을 아버지의 회사로부터 연락을 받았다. 청천벽력이었다. 아버지 나이 사십 사 세 였다. 대만의 카오슝 항구에 정착중인 배에서 사고가 있었다. 아버지는 스물아홉에 대한해운회사 상선을 타기 시작했다. 그 전의 십여 년 간 직장이 없었다. 1933년생 아버지는 우리나라의 암울했던 전후시대의 삶을 살았다. 그리고 6.25 때 학도병으로 출병하여 승리를 이끌어서 지금은 대전 국립 현충원에 안장되어 있다.

아버지는 어머니와 결혼 하고 잔잔한 장사를 하였으나 풀죽으로 끼니를 때우기도 힘들었다고 했다. 드디어 아버지가 취직을 하고 매달 월급을 타게 되었다. 시멘트로 지어진 약 열 서너 평 정도 되는 네모난 집을 구입한 것은 아버지가 취직한 지 여섯 해가 지나서였다. 그 전에 시골에 조그만 밭과 초가집을 구입하여 할머니와 내가 살 수 있도록 하였다. 점점 살림이 여유로워지고 있었다. 아쉬운 점은 아버지가 한 달에 한 두 번씩만 집에 오는 것이었다. 잠시 왔다가 이 삼일 간 휴가 아닌 휴가를 보내곤 또 배를 타러 가야 했다. 그래서 우리는 잠깐 보는 아버지의 얼굴을 채 익히지도 못하고 헤어지게 되었다. 그저 자상하게 우릴 쳐다보며 웃어준 것 만 기억난다. 아버지는 가족과 멀리 떨어져 차갑고 매서운 바다에서, 또는 뜨거운 태양 아래에서 일을 하기만 했다. 미래의 찬란한 날들을 위해서.

내가 고등학교 입학과 동시에 어머니는 아버지의 월급을 열심히 모아서 정말 좋은 집을 샀다. 오래된 기와집이었지만 우리에겐 엄청난 큰 집이었다. 대지 사십 오 평의 마당에는 화단도 갖추어져 있었고 조그만 분수도 있었다. 고장 난 분수는 한 번도 멋있게 물을 쏘아 올리지 못했다. 동네 사람들은 우리 집을 기와집이라고 불렀다. 그리고 부엌방과 겸용이었지만 내 방도 생겼다. 그 방에서 아버지와 같이 불과 몇 번의 식사를 했을까? 나는 고등학교 삼 년의 기간을 그 집에서 정말 행복하게 보냈다.

어느 날 아버지는 집에 일주일 정도 머무르게 되었다. 아주 긴 기간의 휴가였다. 그런 날은 우리 가족에겐 이 세상 누구와도 비할 수 없는 최고의 날이 되었다. 아버지와 엄마의 사랑스런 대화가 오가고, 엄마가 만든 회초밥도 먹고, 학교 다녀오면 아버지가 반겨주기도 했다.

온 가족이 행복했던 그 날의 기억은 훗날의 그리움과 아픔, 슬픔으로 뼛속 깊이 저장되었다. 우리 사 형제는 이제 다 늙은 노인이 되어가지만 어린 시절의 가슴앓이는 여전히 진행 중이다. 아버지는 엄마에겐 사랑하는 연인이었다. 엄마가 돌아가실 때 나는 빌었다. 제발 아버지를 잘 찾아 가라고. 아랑드롱을 닮은 아버지의 미소와 자애로운 성품은 늘 그리워서 처녀 때 나의 배우자 이상형이 되었다.

나는 아홉 살이 되어서야 우리 가족의 대열에 끼어서 살게 되었다. 어느 봄날에 아버지를 처음 볼 수 있었다. 다소 부끄럽기도 했으나 사진을 본 기억이 있어선지 자연스런 만남이었던 것으로 기억 된다. 평생 아버지 얼굴을 본 날 수를 헤아려 보니 대충 삼백 육십 오 일 정도였고 일 년간 본 셈이 되는 것이다.

어느 날 내가 고등학교 이 학년 때쯤이었을 것 같다. 아버지와 어머니가 서면 시장에서 돼지국밥을 사먹고 왔었다. 집에 들어오면서 어머니를 쳐다보며 "우리 돼지 국밥 장사나 할까?"라고 하였다. 몇 달 후에 집에 와서는 다른 직업을 알아보기도 했다. 이제 그만 배를 타고 가족과 함께 좋은 집에서 살고 싶었던 것이었으리라. 그러나 사 형제가 그때부터 학비가 많이 들어가는 시기가 되었다. 사 형제 모두 대학에 진학을 시키려면 많은 돈이 들어 갈 텐데, 아버지와 어머니는 걱정이 컸다. 그래서 엄마도 어쩔 수 없이 아버지를 바다로 밀어낼 수밖에 없었다. 애들이 모두 공부에 전념을 하니까 아버지는 그냥 바다로 나갈 수밖에 없었다.

아버지의 마지막 뒷모습은 아주 생생하다. 사 오 일간의 휴가가 끝나고 출항 날이 되었다. 그 날 아버지는 갈색 봄 잠바를 입으셨다. 풀죽은 얼굴로 마루에 걸터앉아 신발을 신던 모습이 눈에 선하다. 축 늘어진 양어깨는 아버지의 속마음을 말해 주었다. 나는 그 모습을 보면서 "아버지! 이번만 다녀오시면 우리 모여서 같이 살 수 있어요."하며 기도를 했다. 무거운 걸음으로 바다로 향한 아버지는 끝내 하늘의 별이 되어 버렸다. 아버지와 더욱 더 오랫동안 함께 하고 싶었던 우리 가족은 그때부터 무거운 응어리를 가슴속에 품고 살게 되었다. 한 달쯤 손꼽아 기다리면 우리 곁에 반드시 나타났던 아버지였는데 그 후론 편지도 보낼 수가 없었고, 우체부 아저씨의 "전보요!"라는 아버지의 입항소식을 알리는 고함소리도 들을 수 없게 되었다. 모든 게 끝이었고 조금씩 포기를 해야 했다.

아버지는 머나먼 타국 땅에서 어떻게 돌아가셨을까? 어느 날부터 홀로 외로이 돌아가신 아버지의 모습이 눈앞에 그려지기 시작했다. 내가 아이 둘을 낳아 길러보니 부모가 자식을 남겨두고 죽음을 맞는다는 건 어떤 마음일까, 하고 생각했다. 아버지는 엄마에게 "나는 죽어도 배 위에서 죽을 것이여. 그래야 그 보상금으로 아이들을 교육시키지!"라고 했다. '말이 씨가 된다는 속담이 왜 여기에서 들어맞고 왜 우리에게 이런 일이 일어난 거야?'하고 나는 분개했다. 아버지는 자기를 오롯이 희생하였다.

세찬 강물을 거꾸로 오르는 연어처럼 말이다.

타국 땅! 아무리 가족을 불러 보아도 아무런 소리도 들리지 않는 싸늘한 병실에서 얼마나 외로웠을까! 얼마나 애타게 불렀을까! 엄마를, 그리고 큰아들, 외동딸, 나머지 두 아들의 얼굴을 하나하나 떠 올렸을 테지. 나는 온 몸이 찢어지듯 아팠다. 한편 아버지는 "그래, 됐어! 보상금이나 두둑히 주쇼."하며 편안히 눈을 감았을지도 모른다.

점차 세월이 지남에 따라 더욱 더 커지는 나의 슬픔은 아버지를 홀로 가게 내버려 둔 우리 가족에 대한 미움으로 크게 변하여 갔다.

아버지와 이별한 지 사십팔 년이 흘렀음에도 가슴속 상처는 변하지 않는다. 아버지는 영원한 그리움의 대상이고 아픔의 대상이다. 다음 생에 다시 한 번 아버지와 딸로 만나서 평생토록 못다 한 효도를 다하며 행복하게 살고 싶다.

애들아 미안하다!

몇 달 전 파키스탄 카라코람 하이웨이를 여행하면서 고지 삼천-사천 미터인 벼랑 아래에 사는 아이들을 보았다. 파키스탄의 칼같이 험한 산벼랑 아래에서 아무런 보호 장치도 없이 아이들이 대낮에 놀고 있었다. 알고 보니 학교가 없거나 너무 멀어서 다닐 수가 없고 남자아이만 먼 곳의 학교에 보낸다고 했다. KBS 다큐 방송에서 그 지역 아이들의 일상을 보여주었다. 부산의 한 청년이 그 곳에 학교를 지어주는 얘기였다. 나는 곧바로 그 청년에게 연락을 했다.
"당신의 파키스탄 오지에 학교 짓는 일에 나도 적으나마 동참하고 싶어요."
약간의 기부금을 입금한 그 날 흥분과 뿌듯함이 나를 사로잡았다.
카라코람산맥 고산지대 어린 아이들의 광경은 충격적이어서 오랜 시간 뇌리에서 꿈틀거렸다. 계속 그 아이들의 소식을 전해주는 청년의 노력이 눈물겹도록 고마웠다. 파키스탄의 설산들과 고지대의 코발트빛의 호수들, 그리고 어린 아이들의 순백의 모습들도 함께 사진을 찍어 인스타그램에 올려주었다. 이 청년은 사진작가이다. 부디 이 청년이 지치지 않고 다른 오지마을에도 작은 학교를 계속 지어 주기만을 바란다. 청년은 여러 학용품들도 준비해서 보낸다고 했다. 그뿐만 아니라 의류나 신발도 소비재라 자주 보내주면 좋겠는데, 나의 마음이 지속적으로 움직여지기를 다잡아 본다.

이런 저런 곳으로 지출되는 돈을 아껴 모아서 이럴 때 쓰려고 만들어 놓은 통장이 있다. 적금을 붓듯이 푼돈을 모아 놓았다.

1979년 2년간의 대학 교육을 마치고 부산의 한 초등학교에 발령을 받았다. 가슴이 설레는 첫 날! 육십 명의 아이들이 모두 내게 집중되었다. 아! 나는 너무 당황스러워 어쩌면 좋을지 몰랐다. 이 년간의 학업을 마치고 많은 아이들 앞에 선다는 게 지금 와서 돌아보니 무모하기 그지없는 일이었다.

더 많은 공부를 했어야 했다. 무엇보다 아동심리학을 집중적으로 마스터했어야 했다. 교과서와 노트만 펼쳐서 무슨 공부를 어떻게 가르쳤는지 모르겠다. 중요한 것은 아이들과 많은 소통을 했어야 했다. 그들의 해맑은 눈망울을 바라보며 마음들을 하나씩 들여다봤어야 했다.

교과서는 가방에 넣어두고 밖으로 나가 푸른 하늘과 널따란 동산에서 마음껏 함께 뒹굴기라도 했더라면 아름다운 추억이나마 만들어 주었을 텐데, 제대로 한 게 아무것도 없다. 이십 년간 재직했던 일이 내 인생에서 가장 많은 죄를 지었다고 생각한다.

하나씩 거슬러 돌아본다. 가장 먼저 마음 아팠던 일들이 떠오른다. 따뜻하게 헤아리지 못했던 죄책감에서다. 조손가정의 아이, 한 부모의 아이, 내성적인 아이, 맞벌이 부모의 아이, 겁이 많은 아이, 분리불안증이 있는 아이, 가난해서 육성회비를 못내는 아이, 도화지를 온통 검게 칠하는 아이, 화분의 꽃을 뚝뚝 따버리는 아이, 수업시간 종이 울렸음에도 혼자 운동장을 배회하는 아이, 아침, 저녁밥을 굶는 아이 등등. 몇 십 년 전의 아이들이 내 가슴을 짓누르며 아프게 떠오른다.

나와 인연을 맺었던 그 아이들의 마음을 따뜻하게 마주하여 본 적이 없다. 아이들의 감정을 같이 느껴보지 못했다. 같이 기뻐해주고, 같이 슬퍼하지 못했다. 교사자격이 없던 사람이었다. 하루하루 시간만 그냥 흘려보냈던 것이었다.

그 많은 아이들 가운데 가장 마음이 아팠던 한 아이가 떠오른다. 교사 삼 년차가 되었을 때다. 일 학년 아이들의 입학식 날인 3월5일 아침, 가장 예쁜 정장을 차려입고 내 반의 아이들 앞으로 다가갔다. 그 때 제일 앞에 서있는 하얗고 파리한 여자 아이가 며칠이 지나 결석을 하였다. 아프다는 전화연락을 받고도 병문안을 가보지 못했다. 예사롭게 생각을 한 것이었다. 하루가 지나고 이틀째가 되던 날이었다. 퇴근 길에 학교 뒷산에서 내려오는 그 아이 부모와 마주쳤다. 아이의 장례를 치르고 내려오는 길이라고 했다. 그 당시 나의 모습을 지우고 싶다. 목례로 인사를 하고 어떤 위로의 말도 못하고 멍하니 바라보다가 그냥 헤어졌다. 그 후 그 아이가 잊혀지지 않았다. 단 며칠간의 선생과 제자로 인연을 맺어 시작도 제대로 못해보고 끊어진 그 아이는 아직도 생생하게 가슴을 찢어 놓는다. 그 아이에겐 내가 첫 번째이자 마지막 선생이었는데 말이다.

담임의 책무는 무엇일까? 사십 대 초반에 퇴직을 하고 나서야 나의 교직 생활이 잘못되었다는 것을 알게 되었다. 이십 여 년간의 교직생활을 후회하고 반성하면서 천 명의 아이들에게 참회의 기도를 한다. "애들아! 많이 미안하다! 이 넓은 세상에서 부디 마음 안 다치며 건강하고 행복하기만을 기도할게."

지금쯤 예순의 나이에 근접해가는 나의 첫 제자들이 떠오른다. 눈이 커다래서 예뻤던 새침떼기 부반장 여자 아이, 아주 근엄하고 반듯했던 주근깨의 반장 남자 아이, 매일 복도를 떠들고 다녀서 교장실에 불려가서 나와 함께 두 팔을 들고 벌섰던 개구쟁이 꼬마 녀석. 그 꼬마는 매일 벌을 서고도 학교생활이 좋은지 항상 웃는 얼굴이었다. 오래 기억에 남는 아이이다.
"모두 어떻게 살아가고 있니? 다시 초임지인 반여 국민 학교의 오 학년 교실에 모두 모여 보는 것은 어때? 내 나이 스물 두 살의 어여뻤던 '나'로 변장해서 나타나 줄 테니 너희들도 열두 살의 개구진 모습으로 와주었음 좋겠어."의 편지를 띄우고 싶은데, 어쩌면 이 글을 그 중 누구라도 접한다면 하고 바래본다. 알 수 없는 일들이 가끔 일어나기도 하니까.

 이십 년 동안 기쁨, 슬픔, 아쉬움, 안타까움, 분노 등의 숱한 감정들로 긴 시간들을 가득 채웠다. 나의 청춘이 정말 부끄럽게 흘러갔다. 지금도 예전의 학교 근처에 살면서 그 시절의 나의 모습을 상상하며 기웃거리기도 한다. 아! 옛날 그 시절로 다시 거슬러 돌아갈 수 있다면 정말 미친 듯이 한 놀음 할 텐데!

 지나가 버린 나의 흔적들을 엮어보면서 쓴 미소가 입가에 머무른다.

아버님의 향기

아버님은 경남 김해군 어느 마을의 한 농부의 아들로 태어났다. 열다섯 살에 아버지를 일찍 여의고 소년 가장이 되었다. 일제 강점기에 보통학교를 다니던 중 장학생으로 뽑혀 일본 유학을 다녀왔다. 소년 가장은 스스로 검정고시를 통해 국가 교원자격 고시를 통과했다. 고향에 머물면서 스무 살 즈음 고등공민학교를 세워 후학양성을 시작했다. 학교 국어시간에 배웠던 '심훈의 상록수'의 한 장면이 떠올랐다. 그도 그 당시 농촌계몽운동의 일환으로 어린 후배들을 가르쳤다. 그 동네에는 마땅한 중고등학교가 없었다. 학교에 아이들을 보내지 않는 집이 허다했다. 주로 농사일을 배우는 일 외에는 남자 아이들도 초등학교의 학업으로만 그치는 시대였다. 1940년대 중 후반쯤이었다.

이 년 전, 남편으로부터 이 얘기를 뒤늦게 알게 된 사실이 나는 매우 안타까웠다. 아버님 생전에 알았더라면 여러 재미난 스토리를 들을 수 있었을 텐데 말이다. 아버님이 떠나신 지 7년이 조금 넘었다. 그의 월급은 적은 액수임에도 불구하고 가정 형편이 어려운 학생들에게 쓰고, 남으면 자신의 용돈으로 썼으며 어머님에게 가져오는 돈은 거의 없었다고 했다. 그래서 어머님은 돼지를 키우며 가정 경제를 꾸려 나갔다.

아버님은 그 후 시골 읍에 친구 분과 함께 중학교를 세웠다. 교실을 새로 꾸미고 운동장의 돌멩이를 주워 반듯하게 다듬고 화단을 가꾸어 학생들을 받아 제대로 된 모습의 학교를 만들었다. 그리고 정부 인가를 받았다. 그 후 나이 오십 대 초반에 부산의 모 여자중학교로 옮겨와서도 계속 학교의 발전에 혼신의 힘을 다했다.

　나는 결혼하여 팔 년 간 시부모님과 함께 살았다. 아버님은 삼백육십오일 정시에 칼 퇴근하였는데 음주하는 걸 한 번도 본 적이 없을 정도로 반듯한 모습을 보여 주었다. 육십 대 들어서서는 문중의 종친회 회장으로 수많은 일들을 하였다. 그의 작은 체구에서 뿜어져 나오는 카리스마는 압도적이었다. 문중회의의 어떤 결정이 내려지지 않을 시에는 그가 바로 종결지을 수 있을 정도였다.

　평생 담배를 가까이 했으나 건강하게 94세까지 명을 이었다. 아버님은 유교학자이다. 중년에는 불교에 관심을 가졌으나, 노년에 들어서 이황 퇴계학 모임에 드나들면서 우리나라 여러 문중들과도 교류를 이어 나갔다. 이러한 훌륭함에도 불구하고 그의 아들과 딸은 많은 원망을 갖기도 했는데 가정의 일에는 다소 소홀하였기 때문이었다. 그리고 아버지로서 가족에 대한 사랑이 부족해서였을 것이다.

　아버님은 늘 건강해서 불사조와 같았는데 아흔 둘에 노환이 찾아왔다. 정기적인 병원 나들이와 급히 병원을 찾을 때면 의례히 며느리인 나를 불렀다. 내가 운전하는 차를 타는 게 마음이

편하다고 했다. 퉁명스럽고 살갑지 않은 며느리가 그래도 좋았나 보았다. 병원 진료가 끝나고 집으로 갈 때면 반드시 메기탕 맛집에 들리곤 했다. 내 손에 한 손을 맡기고 나머지 한 손엔 지팡이를 짚고 몸을 겨우 움직일 수 있었다. 내 손에 느껴지는 그의 무게는 새 깃털이 살포시 내려앉은 것 같았다. 미풍에도 날아갈 것만 같아 조심스러웠다. 처음으로 느껴보는 그의 가냘픈 손에서 예전의 강인함보다 많이 여리어진 마음이 전해져 왔다. 가슴이 아팠다. 그 후 몸은 점점 쇠퇴해져 갔으나 열정의 불꽃은 식지 않아서 돌아가시기 전 침상에서도 종친회 일에 관여하였다. 섬망이 나타날 때면 종친회 손님들 접대를 잘하라며 가족에게 지시를 내리기도 했다.

아버님이 노년에 혼신을 다해 일한 문중의 종친회는 아버님 생명의 동앗줄 같은 것이어서 돈을 모아 족보를 새로 만들었고 선대의 묘들을 새로 정리했다. 그리고 경북 고령에 선대 김면 장군의 재실을 새로 다듬고 도암서원을 다시 태어나게 하는데 중추적 역할을 하였다. 그 후 문중에서는 그의 공덕을 기리는 공덕비를 세웠다.

가끔 내가 그려보는 한 폭의 수묵화가 있다. 아버님이 생전에 묘사를 지내러 가는 날 아침, 새하얀 모시 두루마기를 입고 네모난 가죽 손가방을 쥐고, 한 손에는 지팡이를 짚고 대문을 나서던 모습이다. 조선시대 한 선비의 모습이었다. 한 여름 시원하게 불어오는 바람을 타고 '휘리릭' 어디론가 날아오르는 것 같은 모습이었다. 그런 날이면 그는 마치 소풍가는 아이처럼 마냥 설레어 하였다.

주말마다 시집을 방문할 때, 아버님은 항상 서재의 책상에 앉아서 무슨 일에 열중하는 모습을 보여주었었다. 팔십 대까지만 해도 재실의 현판들을 직접 서각을 하여 다듬기도 했다. 온 집 안이 나무 조각들로 난장판이 되었었다. 나는 그런 모습을 보면서 '아버님이 돌아가시면 저승의 조상들이 마중 나와 제일 좋은 자리로 모시겠구나!'라며 믿기지 않는 상상을 해보기도 했다.

아버님은 삼월, 매화가 만발할 때 하늘의 명을 받아 운명하였다. 나는 그의 유언에 따라 집에서 오십 일 상을 치렀다. 마지막 명을 꼭 받들고 싶었다. 옛 풍습의 답습으로 남편과 둘이서 조석으로 예를 다했다.

올해도 집 마당에는 철쭉이 피었고 작약이 손님을 기다리고 있는 듯하다. 그곳에 아버님의 손길이 스쳐 지나가는 것만 같고 그 자리에 그의 향기가 아련히 머문다.

이명희

작고 앙증맞은 채소꽃이 피기를
기다리며
그림을 그리고 글을 쓰는 주말 농부

우물, 그 깊은 향수

"넓은 벌 동쪽 끝으로
옛이야기 지줄대는 실개천이 회돌아 나가고
얼룩백이 황소가
해설피 금빛 게으른 울음을 우는 곳,
그 곳이 참하 꿈엔들 잊힐 리야."

정지용의 시 '향수' 첫 구절은 불쑥불쑥 찾아오는 내 안의 노래다. 나이가 들고, 삶의 한고비를 넘길 즈음, 이 시는 단지 오래된 글이 아니었다. 나를 부르는 고향의 목소리처럼 다가왔다. 그 풍경이 내 고향 삼천포 궁지마을과 닮아 있기 때문이다.

이제, 나는 예순 살이 되었다. 오랜 직장 생활을 마무리했고, 자식들도 제 길을 찾아 독립을 했다. 시간은 느닷없이 많아서 새로운 인생 2막을 시작해야 할 것 같은데 무엇을 어찌해야 할지 막막한 날들이 이어졌다.

허전함은 커졌고, 마음은 자꾸 과거를 더듬었다. 헛헛한 마음을 달래려고 고향 집이 있는 삼천포 궁지마을에 갔다. 들판이 넓고 기름지기로 '일궁지 이초전', '이궁지 일초전'이라는 말이 있다. 예로부터 임금님께 진상했던 쌀의 생산량이 많기로 궁지마을과 초전 마을이 앞서거니 뒤서거니 유명세를 드러냈던 말이다. 북쪽으로 높은 와룡산이 있어 마치 궁 속에 들판이 들어 있는 형국이라 하여 '궁지'라고 불리던 곳이 내 고향이다. 물론 마을의 동쪽에는 실개천이 흐르고 있다.

궁지마을엔 지금도 사촌 오빠가 살고 있다. 한때, 금의환향을 막연히 꿈꾸던 시절도 있었지만, 이젠 그런 허울이 무색하다. 비단옷 대신, 바다에서 막 잡았다는 빨간 대야 속 우럭 세 마리를 횟감으로 챙겨 들고 오빠 집에 들렀다.

"니가 연락도 없이 우짠 일로 여기 왔노?"

"중한 일은 아니고, 고향 집 생각이 나고, 오빠 생각도 나서… 그냥 들렀어예."

오빠는 예전 그대로였다. 말수는 적지만, 눈빛이 따스하고 속이 깊다. 오랜만에 마주한 그의 모습은 고향의 기억만큼 변함이 없었다. 마을 풍경도 그대로였다. 4월의 논밭에서는 흙냄새가 뭉근하고 봄풀을 돋우느라 땅이 불쑥불쑥 올라오고 있었다. 이웃집 낮은 담장 너머에선 잎보다 꽃이 먼저 봄을 알리고 있었다. 살구나무와 매실나무가 연분홍빛 꽃을 피우고 있었다. 하늘은 말끔했고, 볕은 부드러웠다.

오빠 집에서 도랑 옆길을 걷다 보면, 나의 어린 날이 숨 쉬던 집터에 닿는다. 한여름이면 발을 담그고 놀던 도랑, 겨울이면 썰매를 타며 얼음을 깨고 세수하던 그곳. 지금은 그 위로 콘크리트가 덮이고, 물길은 땅속으로 숨어버렸다. 타향살이 몇 해였던가? 이제는 집터에도 우물 하나만이 덩그러니 남아 있다. 사춘기 무렵, 우리 가족은 두 칸짜리 오두막을 떠나 이웃의 큰 집으로 옮겨갔다. 그때부터 오두막이 있던 자리는 채소를 가꾸는 텃밭이 되었다. 우물만을 남기고, 집은 모두 허물었다. 아버지와 어머니는 그 땅을 일구어 콩을 심고, 가지를 심고, 열무를 길렀다. 남겨진 우물에서 길어 올린 물은 그 조그만 텃밭을 넉넉히 살려냈다. 계절 따라 가지 줄기는 실하게 뻗어 나갔고, 열무는 파랗게 잎을 치켜세웠다. 우물은 말없이 많은 것을 길러내며, 묵묵히 그 자리를 지켰다.

이제, 그 우물은 잊히지 않는 촘촘한 나의 기억을 품고 있다. 정화수를 떠 놓던 어머니의 모습이다. 새벽이면 어머니는 가장 먼저 우물에서 퍼 올린 물로 얼굴을 씻었다. 머릿수건으로 물기를 닦으신 다음, 흰 대접에 우물물을 담아 장독대 위에 조심스레 올려두고 손바닥을 싹싹 비볐다. 낮고 단단한 목소리로 기도하였다.
"천신님, 우리 가족이 오늘도 무탈하도록 잘 살펴 주시오."
그건 단순한 습관이 아니었다. 어머니에게 그 기도는 하루를 여는 문이었고, 한 집안의 숨결을 지켜내는 극진한 의식이었다. 기도 소리는 작았지만, 그 마음은 깊고 단단했다.
"세상은 바람이 많아 고달픈 곳이란다."
오래 살아본 사람만이 할 수 있는 그 한마디. 언젠가 어머니는 내게 당부했다. 자신이 떠나면 그 기도를 맏딸인 내가 대신

해 달라고. 가족을 향한 마음을 이어 달라고. 그러나 나는 아직도 그 기도를 이어가지 못하고 있다. 그저 어머니의 기도를, 그 아침의 풍경을, 마음 깊이 오래도록 품고 있을 뿐이다. 나의 기억이 되었다.

나는 한참을 서 있었다. 아무도 살지 않는 그 자리엔 봄빛도 머물지 않는 듯했다. 우물은 더 이상의 소용을 잃은 채 봉인되어 묵묵히 서 있었다. 조심스럽게 뚜껑을 열었다. 안쪽을 들여다보며, 마지막으로 물이 길어졌던 때를 가늠해 본다. 한때 그 안에서는 맑은 물소리가 풍당거렸고, 돌 틈마다 보스턴 고사리가 고개를 내밀곤 했다. 이제는 어둡고 메마른 공기만 가득했다.

어쩌면 우물은, 궁지마을의 기억과 나의 어린 날을 함께 간직한 채 지금껏 버티며 나를 기다리고 있었는지도 모르겠다. 이곳이 정녕 내가 기억하던 그 우물일까? 물 위에 오래전 어머니의 모습이 비쳤다. 내 안의 그리움은 끝끝내 실개천이 있는 고향으로, 어머니의 우물가로 되돌아왔다.

이제는 내가 그 맑은 물 한 대접을 내 삶의 장독대 위에 올려놓고 기도해야 할 차례다. 아직은 어설프고 익숙하지 않지만, 마음은 진심이다. 바람 많은 세상에서 내 가족의 안녕과 우리의 삶을 떠받치고 있을 그 '한 그릇의 물', 그것이 바로 내 안에 있는 깊은 향수다.

코끼리 바위 앞에서 나를 본다

걷고 싶었다. 그저 걷기 위해 길을 나섰다. 이른 아침, 햇살은 비스듬히 바다 위로 쏟아지고 있었다. 5월의 바람은 차지도 덥지도 않았고, 공기에는 싱그러운 소금기가 실려 있었다. 나는 삼천포 남일대 해수욕장 동쪽 해변의 방부목 데크길을 따라 천천히 걸었다.

"쏴-쏴-철썩."
파도 소리가 가득했다. 그 소리에 심장이 두어 박자 빠르게 반응했다. 익숙한 길이다. 어릴 적, 이 길은 미끄럽고 울퉁불퉁한 자갈길이었다. 햇살은 그때도 따스했고, 바닷냄새는 오늘도 짭조름했다. 그 모든 감각이 홀연히 살아 돌아온 듯했다.
"안녕하세요?"
코끼리바위 쪽에서 되돌아오는 낯선 두 어르신께 인사를 했다. 뜻하지 않게 튀어나온 내 목소리는 들뜬 유치원생 같았고, 그 가벼운 인사 한마디에 마음이 환하게 열렸다. 혼자 걷는 길이 이토록 좋을 줄이야. 무엇이 이렇게 나를 설레게 했을까? 누가 곁에 있지 않아도 아침 바다는 내 안의 허기를 채워주었다.

마침내 남일대 해변 동쪽 끝자락, 코끼리 형상의 큰 바위 앞에 다다랐다. 침식작용으로 생긴 해식아치의 바위는 바다 쪽으로 긴 코를 늘어뜨린 채, 물을 들이켤 듯 성큼 나아가는 모습이었다. 지구가 태어날 때 저 코끼리 바위도 같이 태어났을까? 시간이 흐르고 나이가 들면서 저리 멋지고 당당한 중년의 모습이 되었을까? 그곳에서 얼마나 견디었을까? 파도는 바위에 부딪혀 하얀 거품을 일으켰고, 햇살은 그 위를 미끄러지듯이 흘렀다. 모든 것이 푸르고 하얗고 매끄럽고 반짝반짝 빛났다. 그림 같은 풍경이었다.

'기어코 내가 여기까지 왔네.'

다행히 썰물이었다. 바닷물이 가득 차 있을 때는 멀리서 바위를 구경하는 것으로 만족해야 한다고 들었다. 무턱대고 왔는데 나는 재수가 좋았다. 코끼리 바위 앞의 넓적한 돌에 앉아 이리저리 눈길을 돌렸다. 따개비가 붙은 바위, 파도에 흔들리는 물미역, 자갈처럼 흩어진 고동들. 암갈색 계단을 이루며 겹겹이 쌓인 바위는 마치 페스츄리 같았다. 물에 잠긴 매끄러운 돌층계는 바다의 밑바닥으로 이어져 있었다. '바다가 하나로 연결되어 있었구나' 하는 생각에 감탄스러웠다. 바위 주변이 천 가지의 모습과 만 가지의 형상이었지만 하나의 바다였다. 물이 출렁이고 생명이 이어지는 바다였다. 그래서 아득했다.

내가, 이 코끼리 바위를 처음 보았을 때의 이야기를 해야겠다. 초등학교 3학년, 봄 소풍 때였다. 분명 그때에도 멋진 바위였을 텐데, 그땐 별다른 감흥이 없었다. 그냥 바위였고, 그저 바다였다. 코끼리라는 이름이 귀엽기만 했지 지금처럼 마음을 울리지는 않았다. 눈앞에 있어도 보이지 않았다. 신기하다. 나이가 들고서야 놀라움과 감탄이 밀려왔다. 문득 궁금해졌다. 왜 내가 열 살이 넘도록 이곳을 보지 못했을까. 우리 마을에서 그리 멀지 않은 해변이었는데…. 그것은 동네 어른들의 허풍스러운 거짓말 때문이었다. 마을 앞 하천 너머엔 애기귀신이 산다고 했고, 뒷산에 가면 몽달귀신이 따라온다며 우리를 겁주었다. "혼자서 하천을 건너가면 귀신이 손을 잡아끌고 데려 간다"는 말에 우리는 동네 경계를 벗어나지 않았다. 어린 나는 좁은 마을 안에서만 돌고 돌았다.

그러나 지금은 안다. 그 말들이 행여 어린 우리가 길을 잃을까 봐, 엉뚱한 곳에서 다칠까 봐 염려하는 어른들의 방식이었다는 것을. 터무니없었던 거짓말이 이제는 애틋한 보호막처럼 느껴져 웃음이 나온다. 세상과 거리를 둔 그 시간이 있었기에 나는 내 안에서 머무르는 법을 배웠고, 결국 이렇게 무사히 클 수 있었는지도 모른다.

나는 바위에 앉아 열 살 때의 나를 떠올린다. 봄 소풍에 들떠 있는 아이, 바다를 보았지만 바다를 몰랐고 코끼리 바위를 보았지만 그 깊은 시간을 헤아리지 못했던 아이, 그 아이가 바로 나였다. 예순을 넘긴 나는 다시 이 자리에 있다. 이젠 걸음이 조심스럽고, 마음은 더디게 움직이지만, 대신 오래 바라보고, 더 깊이 느낀다. 코끼리 바위는 묵묵히 그 자리를 지키며 세월을 견뎌왔다. 크고 작은 파도에 깎이면서도 무너지지 않았고 더 분명한 형상을 드러냈다. 어쩌면 내 삶도 그와 닮았는지 모른다. 젊은 날의 나는 변화와 속도에 휘둘리기 바빴고, 남이 뛰면 나도 뛰어야 했던 시간들이 나를 깎고 조각했던 것은 아닐까. 나는 열 살의 나를 생각하며 지금의 나를 보고 있다. 그 아이가 보지 못했던 풍경을 이제 나는 본다. 코끼리 바위 곁에서 오래 머물다 보니 파도 소리마저도 다정하게 느껴진다. 그 파도가 내 삶을 조각한 것처럼 느껴져 괜스레 가슴이 먹먹해진다.

프리드리히 니체는 '초인'을 말했다. "초인은 고통마저 긍정하고, 운명을 사랑하며, 스스로 가치를 창조하는 존재."라고 했다. 한때 나는 이 말을 책에서 읽었고, 먼 곳에서 들었다. 초인은 특별한 사람, 위대한 철학자, 고행의 성인이라고 생각했다. 하지만 지금은 다르다. 고통과 시련을 외면하지 않고 오히려 그것을 삶의 일부로 받아들이며 스스로의 힘으로 삶의 의미를 만들어 가는 사람. 나는 그 말이 이제야 이해된다. 내 안에도 초인이 있다. 나는 직장 생활 35년을 견뎠고, 삶의 겹겹을 지나왔다. 상실이 있었고, 후회도 많았지만, 기쁨과 만족도 있었다. 그 많은 시간이 쌓여 지금의 내가 되었다. 얼굴의 주름살이 되었고, 말투가 되었고, 내 마음의 쏨쏨이가 되었다.

  방부목 데크길을 따라 나는 천천히 걸어 나왔다. 코끼리 바위는 여전히 그 자리에서 묵묵히 제 자리를 지키며 나를 보낸다. 이제, 나는 안다. 초인은 멀리 있는 이상이 아니라 오늘도 한 걸음을 내딛게 하는 내 안의 힘이라는 것을.

장정희

지나온 시간보다 앞으로의 시간에 더 관심이 많습니다.
훗날 삶의 지도를 그릴 때 축적된 그곳에 글, 그리고
사랑이 남기를 바라는 마음입니다.

삶은 아름다운 도전의 연속이다

"그는 멕시코 만류에서 조각배를 타고 홀로 고기잡이하는 노인이었다. 여든 날하고 나흘이 지나도록 고기 한 마리 낚지 못했다"

헤밍웨이의 《노인과 바다》 첫 문장이다. 일설에 의하면 그는 이 문장을 이백 번 고쳐 썼다고 한다. 하루에 연필 일곱 자루를 사용해 가며 이 소설을 쓸 만큼 그는 절박했다. 천구백사십 년 《누구를 위하여 종은 울리나를 발표하고 난 뒤 십 년이 넘도록 '그럴싸한' 작품이 나오지 않았다. 사람들은 수군거렸다. "작가로서의 생명이 다했다"라고.

고교 시절부터 읽어 온 손때 묻은 나의 《노인과 바다》는 내 삶의 등대가 되어 왔다. 책 속 노인은 헤밍웨이의 자화상이었겠지만 시간이 지날수록 나의 우상이 되었다. 노인은 팔십사 일 동안의 실패에도 아랑곳하지 않고 팔십오 일째 되는 날 평소와 다름없이 혼자 고기잡이를 나간다. 내 가슴이 가장 두근거린 부분이다. 여든 네 번을 실패했는데도 어떻게 여든 다섯 번째 아무렇지도 않게 도전이 가능할까? 다른 어부들의 조롱과 멸시도 만만치 않은 상황이었는데 말이다. 늘 남의 시선을 신경 쓰고, 나보다 남에게 더 친절을 베풀다가 지칠 때마다 나는 노인의 여든다섯 번째 도전을 호출했다. 그날 이후 노인은 사흘 밤낮 동안 굶주리며 마침내 자신의 배보다 큰 청새치를 잡았다.

노인은 여든 다섯 번째의 도전에서 그렇게 간절하던 큰 고기를 잡았는데도 감정이 요란하지 않았다. 마치 마른 땅에서 청새치를 잡은 듯이 건조하고 간결하게 묘사돼 있었다. 반복해서 읽으면 읽을수록 헤밍웨이의 문장은 빙산의 모습을 상상하게 했다, 빙산처럼 그가 드러내지 않은 팔분의 칠의 문장이 읽힐 때마다 노인이 견뎌낸 아픔이 고스란히 전해졌고, 그가 차마 닦지 않은 땀과 눈물에 익사를 경험하기도 했다.

배보다 큰 청새치는 그동안 억눌러왔던 노인의 탐욕이자 헤밍웨이의 탐욕이 아니었을까? 동료 어부들의 조롱에 대해, 다른 작가들의 수군거림에 대해 추락하였던 자신의 존재감을 수면 위로 끌어 올리고 싶은 욕심 말이다. 결국 배에 싣지 못한 청새치는 배 옆구리에 묶여 항구로 돌아오던 중 상어무리의 습격으로 뼈만 남게 된다. 노인은 말한다. "내가 너무 멀리 나왔구나, 이제 배가 한결 가벼워졌는걸" 나는 그때 청새치의 몸무게 때문이 아니라 노인의 욕심이 빠져나갔기 때문이라는 것을 뒤늦게 깨달았다.

내 배도 무거운 짐을 싣고 다니던 때가 있었다. 등대를 향한 내 촉수가 무디어져서 이리저리 방황하던 때가 있었다. 여러 사람들 앞에 나서는 것이 익숙하지 않았을 때였다. 용돈이 필요해서 지인의 성악발표대회에 반주를 맡았을 때 무대에 오르는 순간 관중석이 바다로 보였다. 곡이 시작되고 얼마 지나지 않아 몇 개의 음이 손가락 사이로 빠져나가는 것을 느꼈다. 나는 폭풍을 만난 조각배처럼 흔들렸다. 노래가 끝났을 때 여든여덟 개의 피아노 건반이 뼈만 남은 청새치와 다를 바 없었다. 그 친구의 노래 가사를 배에 실어서 심사위원들이 있는 곳까지 실어 나르지 못한 무책임함에 몹시 부끄러웠다. 노래에 담긴 운율과 뉘앙스까지 서브해 주지 못했다는 자책감에 시달리며 한동안 밀실이 아닌 곳에서는 피아노를 칠 수가 없었다. 가끔은 그렇게 그 관중석뿐만 아니라, 온 세상이 바다로 보일 때가 있다.

　예식장에서 결혼행진곡을 연주하는 아르바이트를 처음 하는 날의 경험도 아련하다. 신부 입장곡, 신랑 입장곡, 신랑·신부 퇴장 곡이 기본이었지만 중간에 식마다의 분위기를 봐서 몇 곡 더 삽입하면 된다. 그런데, 그날은 마지막 곡이 나갈 때 가장 우렁차게 연주해야 할 부분에서 손가락이 비틀거렸다. 다행히 하객들의 박수와 함성이 그 부분을 짜깁기해 주었지만 나는 나만 아는 실수에 갇혀 나를 오랫동안 '못난이'라 증오했다. 남들이 '괜찮다'라는 말이 괜찮지 않을 때가 있다. 나는 책 속 노인에게 '괜찮다'라는 말 대신 조용히 다가가 속살이 보일 만큼 깊이 팬 손의 상처를 치료해 주고 싶었다.

　숲을 이해한 사람이 나무를 표현하면 숲을 선물 받을 수 있지만, 나무만 아는 사람이 숲을 선물할 수 없다. 나는 그때 겨우 나무 몇 그루만 알면서 숲을 표현하려는 탐욕을 부렸던 것이다.

처음 하는 일은 실수할 수도 있다. 하지만 그것은 모든 '처음'들의 특권이 아니다. '처음'의 관문을 지나면 무엇이든 척척 나아갈 것이라고 믿지만 그렇지 않다는 것을 알게 되는 것은 여러 번의 실패를 경험하다 보면서 알게 되었다. 잘될 것 같다가도 안 되고, 이만하면 되겠지, 하는 믿음에도 배신당할 때가 있다. 그러면서도 조금씩 알 수 없는 것들이 쌓이는 것을 느끼게 된다. 항구로 돌아가는 노인의 배는 가볍고도 순조롭게 미끄러지듯 달렸다. 그다음부터 내 연주가 그러했듯이.
"인간은 파멸 당할 수는 있을지 몰라도 패배할 수는 없어." 노인의 마지막 독백이다. 물질적 가치보다 정신적인 가치의 중요성을 말하고 싶었던 것 같다. 헤밍웨이의 초기 작품에서 찾아볼 수 없는 원숙미와 조화가 느껴지는 부분이다. 그것은 수많은 도전과 더불어 자신이 자신의 인생에 주인공으로 살았기 때문에 가능한 포지션이 아닐까 싶다. 나의 《노인과 바다》 책이 낡아갈수록 나의 도전은 새로워질 것이다.

어른의 두 얼굴

마흔아홉에 큰며느리를 보게 된 시부와 시모는 동갑이었다. 이 층 단독 주택에 시동생, 시누이와 함께 살고 있었다. 일 층에는 이발소와 이불을 파는 가게가 있었는데, 큰 아들이 결혼 함에 따라 이불집을 내보내고 큰 아들의 신접살림을 차리게 했다. 더블베드 크기의 침대가 들어가고 이불장을 넣으면 꽉 차는 방 하나와 피아노 세 대가 들어갈 정도의 가게 하나가 나의 공간이었다. 처음 시부모를 만나러 갔을 때 시모는 나에게 몹시 단호하게 대했다. 제사가 명절까지 합해서 열 번 있고, 분가하지 않고 같이 살아야 한다면서 감당할 수 있겠느냐고 했다. 어떻게 하든지 결혼을 말리고 싶은 두 어른의 계획에 맞지 않게 나는 아무렇지도 않게 '네 할 수 있습니다.'라고 했다. 사실 나는 제사를 지내본 적이 없어서 그런 심리적 부담을 가늠할 수 없었다. 시부모는 내가 키가 작아서 성에 차지 않아 계속 큰 아들을 설득한 것을 나중에야 알았다. 다른 여자와 선을 볼 것을 제안하기도 했지만, 아들이 수락하지 않았다고 했다. 아들이 없을 때 나에게 하소연하는 시모에게 어떻게 응대해야 할지 난감했다. 그래서일까? 결혼 후 남편이 집에 있을 때와 없을 때 완전히 다른 시모를 감당하기 어려웠다.

하필 마흔아홉 살 시모는 갱년기 중심에 있었다. 추운 겨울인데 식사 중에 창문을 열라고 고함을 질렀다. 온 얼굴이 붉어지면 옷을 찢듯이 단추를 풀어 헤치고 부채를 찾곤 했다. 나는 그 모든 열기를 받아내는 함지박이 된 기분이었다. 오후가 되면 일층으로 내려가 피아노 학원을 운영해야 했지만, 오전에는 이 층에서 온갖 시중을 들어야 했다. 특히 매일 오다시피 하는 근처 사는 시이모들과 남편 이종사촌의 점심 시중은 중노동이었다. 부엌에 있는 식탁은 자리가 모자라 큰 방에서 밥을 먹었는데, 거기까지 가려면 마루를 거쳐서 가야 했다. 반찬과 밥, 국을 나르기 위해 몇 번 왔다 갔다 하고 나서 내가 수저를 들 때쯤에는 이미 어른들은 밥을 다 먹은 후라서 뒤늦게 밥상 모서리에 앉기가 민망했다. 먹어도 나무라는 사람은 없었지만 모두 '새댁'을 지켜보는 곳에서 제대로 된 식사는 언감생심이었다. 밥상이 부엌문을 통과하지 않아서 빈 그릇을 다시 쟁반에 담아 나르기도 여러 번 반복해야 했다. 학원 수업 시간이 다가오면 그릇들이 날아다닐 만큼 손을 움직여야 했다. 설거지하다가 시부의 밥그릇을 깬 적이 있었다. 하필 제일 비싼 밥그릇을 깼다고 나를 스칠 때마다 언짢아하는 시모에게 미안한 마음이 들어 숨고 싶은 적이 한두 번이 아니었다. 조심할수록 더 서툴렀다. 시부의 밥그릇을 연이어 깨트린 날, 시모의 원성은 극에 달했다. 나는 내가 처음으로 바보라는 생각을 했다. 결혼 전에는 집안일을 도맡아 했다 해도 조리 방법이 다르니 시모가 대선배 같았다. 학원 수업이 끝나면 곧바로 올라가 저녁을 준비했다. 남편이 오면 시모의 목소리는 부드러워졌다. 그 연기 실력이 놀라웠다.

첫 애를 가져서 배가 불러와도 내 일상은 변함이 없었다. 유난히 깔끔한 시모여서 방과 마루를 아침저녁 쓸고 닦아야 했다. 엎드리면 배가 바닥에 닿을 정도인데 방에 누워 있던 다섯 살 어린 시누이는 내가 걸레로 훔친 바닥으로 옮겨 누울 뿐 걸레를 한 번도 받아 주지 않았다. 시모의 지론이 '당신 자식들은 일 안 시키고 싶다'였다. 그 시절 시누이는 공주이고 나는 하녀였다. 그때 시누이는 대학을 졸업하고 놀고 있을 때였다. 첫애가 태어나 기저귀가 많이 나와서 시부모가 외출한 주말에 남편이 기저귀를 빨고 있었다. 나는 수유를 하고 있어서 외출한 시모가 들어 온 줄도 몰랐다. 시모의 고함이 들렸다. "금쪽같은 내 새끼가 왜 똥 기저귀를 빨고 있노"라고 하더니 외출복 치마를 두 다리 사이에 끼우고 앉아 대신 기저귀를 빨았다. 그 후로 남편은 기저귀에서뿐만 아니라 모든 집안일에서 시모의 눈치를 보아야 했다. 참 착한 아들이어서 어떤 말로도 부모의 말에 의견을 제시하지 않았다. 시모는 결혼 전부터 내가 마음에 안 찬 데다가 결혼할 때 예단도 기대했던 것보다 적어서 나에 대한 불만이 가득했다. 시이모네 며느리는 그릇과 은수저는 말할 것도 없이 집안의 전자 제품을 다 바꾸었다고 했다. 이웃의 누구는 모피코트를 해 왔다고도 했다. 나는 그것을 어렴풋이 알았지만, 친정엄마에게 부담 주고 싶지 않았다. 무엇보다 돈으로 평가받고 싶지 않았다. 시간의 힘을 믿으며 내가 더 잘하면 된다고 생각했다. 생각처럼 쉽지가 않았다. 시동생이 결혼 준비를 했다. 동서는 시모가 원하는 예단을 다 해 왔다. 시이모들이 마루 가득 펼쳐진 물건들을 보며 "이제 소원 풀었제?"라고 했다. 그날 시모는 입을 다물 줄 몰랐다. 바깥사돈이 배를 타서 부자라고. 동서는 시집살이하는 나와 달리 집을 얻어 나가서 살았다. 가끔 와도 이쁨을 받았다. 손이 느려도 웃어 주었고, 실수해도 나무라지 않았다. 퀼트를 배우게 된 큰언니가 시부모 드리라면서 방석 몇 장을 손수 만들어 주었다. 기뻐할 줄 알았던 시모는 그것을 보더니 "이제 와서 이런 거 받고 싶다 하더냐"라며 내 앞에 던졌다. 그날 나는 그 방석을 일 층으로 가져와서 한참을 부둥켜안고 있었다. 고개를 드니 방석이 온통 젖어 있었다.

　삼 년이 지난 어느 날, 시부모가 분가에 대한 의견을 제안했다. 나는 갑자기 등 뒤쪽에서 날개가 나올 것만 같았다. 빨리 도망치고 싶었다. 시모는 형식적으로라도 거부하지 않는 내가 또 불만이었다. 단서가 있었다. 매일 집에 들르라는 것이었다. 개인 승용차가 없을 때라서 버스를 타고 가야 했다. 학원 수업을 마치고 저녁마다 들렀다. 남편이 술 약속이 있는 날이면 혼자 들러서 밥 먹고 설거지해 놓고 왔다. 둘째를 가지고 만삭이 되었을 때도 어김없었다. 사 대 독자인 시부의 기대와 어긋나게 둘째도 딸이었다. 어른들의 실망스러운 눈빛이 내 피부를 뚫고 들어왔다. 둘째를 낳던 날, 시부의 차가 집에 있어도 태워주지 않아 진통이 있는 몸으로 택시를 타고 병원으로 갔다. 남편은 부모 눈치 보느라 일찍 출근했고, 놀고 있던 시누이를 동행하게 했다. 배냇저고리와 기저귀가 든 보퉁이를 끌어안고 택시에서 내리자마자 아스팔트 위에 보퉁이가 떨어지면서 매듭이 풀어졌다. 아침 출근길이라 길바닥에 펼쳐진 새하얀 기저귀 위로 사람들의 구둣발이 스쳤다. 간헐적인 진통을 뒤로 한 채 엎드려 그것을 감쌀 때 아스팔트까지 쓸어 담은 건 아니었을까 싶다.

시간을 되감기 해 보면 내 삶도 탄식의 순간이 가득하다. 어른이 되는 과정은 많은 과오들의 합작품이 아닐까? 원망이라는 껍질을 걷어 내고 나면 쉽사리 그분들의 부드러움에 닿게 된다. 그 당시 시모와 시부도 더 나은 어른으로서의 길 위에 있었던 것 같다. 온전한 가족이 되는 과정에서 마음의 빚이 생겼지만, 나이를 더해감에 따라 눈빛과 손길이 더할 나위 없이 따뜻해졌다. 무엇보다 서로를 인정하게 되었다. 이제는 서로의 안위를 가장 많이 걱정하는 사이가 되었다.

성추행범이 되고 나서

꽃과 새들의 재잘거림이 분주한 3월의 들판을 옮겨 놓은 듯, 신학기 학원은 활기차다. 신입생이 많을 때라 상담과 레슨이 병행돼 긴장을 늦출 수 없던 어느 날. 제비꽃만큼이나 작고 귀여운 일 학년 여자애가 아빠와 한 몸이 되다시피 해서 들어 왔다. 아니 그들이 들어오기 전에 아이의 울음소리가 먼저 들어왔다고나 할까? 아빠와의 애착이 남달라 보여서 우는 모습도 사랑스러워 보였다.

상담이 끝나고 여자애의 아빠가 학원을 떠나면서도 아이의 울음을 걷어 가지 못했다. 나는 아이의 불안이 울음으로 표출된 것을 알기에 그 불안을 잠재우려고 안아서 달래 주었다. 토닥토닥. 그러면서 긴 피아노 의자에 나란히 앉아 한 손으로 아이의 등을 받치고 한 손으로 건반 위치와 손 모양을 잡아가며 '도레도레' 왼손, 오른손, 양손 순서로 기초 과정을 함께 하며 빠른 적응을 유도했다. 그래도 아이는 쉽게 스며들지 않았다. 그 아이의 예민함은 음악을 이해하는 데 오히려 도움이 될 거라 믿으며 매일 다독이며 기다렸다. 좀처럼 경계를 허물 수 없는 아이였지만, 음악과 시간의 힘을 믿었다.

한 달이 된 그날(회비 내는 날), 그 아이는 아무런 예고 없이 "아빠가 그만 다니랬어요."라며 가방을 챙겨 '그냥' 나가 버렸다. 그 순간 그동안 내가 바친 정성도 '그냥'에 파묻혀 버렸다. 비행기가 이륙할 때 가장 에너지가 많이 사용되는 그것처럼 학원에서 첫 한 달은 다음 달을 위한 가혹한 봉사의 시간이다. 간혹 1년 이상 회비를 안 내고 다니다가 흔적도 없이 이사를 가버리는 학생도 있고, 가짜 상담을 와서 돈을 훔쳐 가는 일도 있었지만, 그런 황당함과는 비교도 안 될 만큼 그 아이의 첫 한 달은 무거웠다. 좋은 레스너가 되려면 곡을 잘 해석하는 것만큼이나 아이의 마음도 잘 헤아려야 한다. 내가 그 아이의 마음을 모두 헤아리지 못했다는 자책과 그 아이에 대한 서운함이 동시에 밀려왔다.

그로부터 약 삼 년 후, "선생님 큰일 났어요. 선생님은 모르고 있었죠? 선생님이 '성추행범'이라고 학교에 소문이 났어요."라며 학부모 두 분이 온 얼굴이 상기된 채 어렵게 말을 해주었다. 그 순간 내 주변의 모든 음악은 서걱거렸고 갑자기 폐허가 된 나는 무슨 말로 응대했는지 아직도 전혀 기억이 안 난다. 그러나 그분들이 나보다 나를 더 염려해 주었던 것만큼은 생생하다. 제비꽃 닮은 귀여운 그 아이가 사 학년이 되어 학교에서 성교육을 받다가 '불쾌한 감정' 경험을 발표할 때 내 이름이 나왔고, 학교에서 아이 말만 듣고 경찰에 신고가 들어가서 조만간 조사가 있을 예정이라 했다. 한 달만 다녔지만, 그 아이를 기억하기는 쉬웠다. 그 아이와 함께했던 악보집의 음표들이 달려 나와 나를 콕콕 찌르는 듯 아팠다. 학교에 어떻게 소문이 퍼졌는지 학원 밖에서 나와 눈이 마주친 몇몇 아이들이 나를 피해 도망가는 모습을 목격했을 땐 바닥에 주저앉고 싶었다. 나의 '환대'가 '저질'로 추락한 것이다. 학생의 적응을 위해 친절의 이름을 빌려 안아주고 토닥인 것들이 삼 년이 지나 되새김질 돼 '성추행범'이 된다는 논리를 받아들일 수 없었다. 성추행범이란 '일방적인 성적 만족을 얻기 위하여 물리적으로 신체 접촉을 가함으로써 상대방에게 성적 불쾌감이나 모욕감을 불러일으키는 행위'라고 명시된 내용을 읽고 또 읽었다. 어떤 글귀가 나의 행동에 해당하는지 따지고 싶었다. 그 아이의 아빠가 찾아와 나더러 '사과'하라고 했다. 사과만 하면 모든 게 다 끝난다고 했다. 하지만 나는 도무지 사과할 게 없었다. 모든 걸 그렇게 끝내고 싶지도 않았다. 오히려 나를 범죄자 취급하며 토해낸 말과 행동들을 사과받고 싶었다. 많은 학부모가 어떻게 알게 되었는지 너도나도 찾아와 서명운동해 주겠다고 했다. 어떤 학부모는 학교 교무실에 전화까지 해서 나 대신 하소연해 주었다고 했다. 급기야 변호사를 찾아갔다. 비용이 만만치 않았다. 성추행 사건은 매우 불리한 사안이라 했다. "처벌 수위를 낮추려면 피해자와 합의가 우선입니다"라고 했다. 그럼 나는 '가해자'가 되는가? 그분이 건넨 명함이 돌덩이처럼 무거웠다. 선임 여부를 알려주기로 하고 뒤돌아서는데, 세상에 명시된 그 법문들이 몹시 불쾌하게 느껴졌다. 그럼 나도 법에 추행당한 것은 아닐까? 나는 누구에게 고소해야 하는지 묻고 싶었다. 거대한 법 앞에 한 나약한 개인의 실존은 그만큼 미미했다.

주변의 모든 부딪힘이 칼날 같았다. 어떤 한순간의 감정으로 불쾌했다면 그 순간의 배경도 비추어 보아야 정의로운 법이 되는 것이 아닐까? 그 아이 아빠가 간간이 찾아올 때마다 나는 넝마 조각처럼 흐늘흐늘해졌다. 영원히 불협화음만 연주될 것 같았다. 피폐해진 내 몰골을 바로 세워 준 것은 법이 아니라 사람이었다. 그 아이 가족과 친분이 있는 학부모 한 분이 나를 대신해 나를 증명해 주었고 또 그 아이 아빠의 심정을 나에게 분주히 배달해 주었다. 그 후 그 아이 아빠는 더는 찾아오지 않았다. 엉킨 실타래가 조금씩 정리될 때쯤에서야 비로소 나는 그 아이 아빠가 딸에게 가진 그 지극한 사랑이 보이기 시작했다. 나를 미워하는 동안 얼마나 아팠을까? 그러면서 우리는 안 아파도 되는 일을 가지고 서로를 너무 심하게 할퀴고 사는 것은 아닐까? 아쿠타가와 류노스케의 단편 〈라쇼몽〉에서처럼 세상은 고정불변의 진실이 아닌 '각자의 진실'로 구성된 것은 아닐까 싶었다.

지금도 아이들은 수업을 마치고 집에 갈 때 나의 품으로 안겨든다. 그러면 나도 모르게 두 팔을 하늘로 치켜들게 된다. 세상이 점점 삭막해지는 요즘, 교실에서조차 '법'의 눈치를 보느라 아이들을 더 사막으로 내몰고 있는 건 아닌지 사뭇 염려된다.

장소연

2006년 김유정 신인문학상 수상.
마음을 들여다보고 마음이 시키는 대로 하면 잘 살아가고 있는 겁니다. 가만히 들여다보세요. 무엇을 하고 싶은지. 지금 무엇을 해야 죽음 앞에 섰을 때 후회하지 않을 것 같은지! 나의 가치는 명성과 외부에 있지 않음을 인식하면서. 즐기기… 무엇을 하든!
글이든, 세상 구경이든….

you're all set!

하루 종일 비가 내렸다. 가볍지도, 무겁지도 않은 적당한 빗줄기였다. 자연의 생명을 깨우는 비를 타고 죽음의 소식이 도착했다. 두 건의 부고였다. 먼저 아침 일찍 소식이 전해진 분은 한때 글 가르침을 받았던, 이름을 들으면 누구나 아는 소설가이고, 저녁 무렵 도착한 부고는 비록 직접 인연을 맺은 분은 아니지만 특유의 친근함 때문에 마치 지인 같은, 일평생 웃음으로 한 획을 그은 방송인이었다. 오늘도 어김없이 어딘가에는 새로운 생명이 태어나고, 이렇듯 누군가의 부고 소식을 듣는다.

서로 다투며 피어대던 꽃 잔치가 끝나니 봄도 저만큼 물러갔다. 세상을 흔들며 예쁨을 자랑하던 그 자리에는 막 돋아난 연초록의 감성이 융단처럼 깔린다. 푸릇푸릇한 맑은 향기가 바람을 타고 싱싱한 파도를 이룬다. 사계절 중 봄의 시간이 끝나고 또 다른 계절의 시작이다. 이미 끝난 봄은 내년이면 향기를 타고 풍문처럼 돌아올 것이다. 세상사 의심 없이 믿을 수 있는 순리 속에 사계절이 있다. 순리는 죽음에도 통한다. 한번 간 죽음은 돌아오지 않는다. 슬픔 한 스푼을 얹어 숨이 끊어진 그 자리에서 끝난다. 김훈 작가는 인간은 그저 죽을 뿐, 죽음을 경험할 수는 없다고 했다. 죽은 자는 죽었기 때문에 죽음을 인지할 수 없다는 것이다. 오늘 부고로 전해진 두 사람도 자기 죽음을 알지 못하고 생과 사가 갈린 차가운 냉동관에 누워 있을 것이다. 이렇듯 한 사람의 생이 끝난 자리에는 본인이 인식할 수 있는 것이란 아무것도 없다. 말하자면, 죽으면 아무것도 할 수 없는 것이니 살아서 챙겨야 한다.

나의 아버지는 칠십 팔 세에 죽음을 맞이했다. 감기로 입원을 한 뒤였다. 병원에 있는 동안 마음은 무겁지 않았다. 곧 나아서 퇴원하리라 믿었다. 처음에는 집과 가까운 종합병원에 입원했다. 며칠이 지나도 아버지의 병세는 나아지지 않았다. 급기야 상급종합병원인 대학병원으로 전원했다. 감기는 폐렴으로 이어졌다. 결국 집으로 돌아오지 못하고 자식과 형제가 지켜보는 가운데 눈을 감았다. 정신은 돌아가시기 하루 전까지도 말짱하였다. 아버지의 죽음은 누구도 예측하지 못했지만 당신은 기미를 느낀 듯했다. 생을 마치기 이틀 전, '나는 행복하게 살다 간다'는 전언이 있었다. 나는 아버지의 그 말과 마음을 긍정하고 인정했다. 팔십 가까운 세월 동안 이름을 빛내며 화려하고 호사한 삶을 산 것은 아니었다. 아버지는 당신 몫만큼 참되게 세상을 살다 가셨다. 수산중개업을 하며 벌어들인 돈으로 딸린 식구를 보살피고 돌보았다. 그지없이 성실했고 요리를 취미로 두어 가족을 먹이는 것을 좋아했다. 비록 시인은 되지 못했지만 영문과 출신답게 마음으로 시를 보듬으며 세상이 주는 감각의 촉을 놓지 않으려 애썼다. 그런 아버지도 생활인으로서 걸어온 매 순간, 행복과 불행과 불안의 부피를 어루만지고 다독이며 살았을 것이다. 인간으로서 삶의 고단과 수고를 아파하며 시름시름

앓기도 하였을 것이다. 아버지는 딱 보름 동안 질병과 대면하고 삶의 반대 방향으로 홀연히 걸어갔다. 그것도 큰 고통 없이. 임종하기 이틀 전부터 숨쉬기를 불편해했을 뿐이었다.

어떻게 죽을 것인가. 어떤 모습과 형태로 죽음이 다가올지 노년의 초입에 서니 생각이 자주 머문다. 나의 의지와 자아가 한 치의 개연 가능성조차 없는 멈춤 앞에서 큰 고통과 불편함 없이 생의 반대편으로 넘어갈 수만 있다면 얼마나 좋을까. 아버지의 죽음을 보면서 나는 생각했다. 어떻게 죽을 것인가는 어떻게 살 것인가와 상통한다는 것을. 생전 아버지의 좌우명은 순리(順理)였다. 거실 한쪽 벽면을 차지한 기다란 액자 앞에서 젊은 날 한때는 단어와 의미가 너무 단순해서 속으로 웃었던 기억도 있다. 아버지는 어떤 것에서든 욕심을 부리지 않았다. 이기심과 더불어 누리고 싶은 마음, 가지고 싶은 욕망은 인간이라면 기본값으로 세팅되어 세상에 나온다. 다만 덜 하냐, 더 하냐의 차이는 있을 것이다. 욕심 없어 보이던 아버지도 가끔은 탐욕과 갈망에 시달렸으리라 짐작한다. 상대의 손바닥에 뭐든 쥐여 주던 인정스러운 습관이 내면 깊이 장착되었기에 남보다 더해 보이지 않았을 뿐일 것이다. 그런 태도, 일상의 소중함에 마음을 두고 아등바등 군색하게 욕심부리지 않았던 자세가, 죽음에도 품위를 지키며 편안하게 그 강을 건넜다고 나는 믿는다. 살아온 흔적이 생의 마지막 죽음의 침대까지 이어진다는 생각을 아버지를 보내면서 가지게 되었다.

  오늘 소식을 들은 스승과 방송인처럼 결국에는 나의 죽음도 한 줄 부고로서 알려질 것이다. 존재는 눈을 감는 순간 사라진다. 나도 남들과 다르지 않게 지상에서 마지막 냉동관 한 자리를 차지하며 눕게 될 것이다. 멀리서 수고스럽게 찾아온 이를 위해 손을 내밀 수도 없다. 나보다 자식의 문상객이 더 많이 찾아와서 예의를 갖추고 조문할 것이다. 생의 흔적은 어디에도 찾을 수 없는 밀가루보다 더 부드러운 한 줌의 가루로 흩어진다. 메멘토 모리. 그러기에 죽음을 기억하라는 것이다. 죽어서는 아무것도 할 수 없으니 살아서 죽음을 기억해야 한다. 언젠가는 봄도, 꽃도, 아이도, 벗도, 사랑하는 모든 것들을 볼 수 없는 날이 온다. 지금 시퍼런 눈을 뜨고, 뚜렷한 청각으로 보고 들으면서 맑고 아름다운 삶을 꾸려야 한다. 삶의 의미는 남에게 나의 가치를 인정받고 이름을 얻고, 명예를 빛내는 변화한 것에 있지 않다는 것을 누구나 안다. 일상의 소중함 속에 행복을 누리고 나의 가치를 스스로 인정하면서 살아가면 된다.

  그러고 보니 꽃은 아직 떠나지 않았다. 끝난 것 같은 봄은 미련을 부리며 더디게 가고 있다. 늦봄, 작약의 계절이다. 잠시 빌려 살고 있는 시골집 담 밑에는 일주일 전 보고 온 꽃봉오리가 주인 없는 집에서 저 홀로 피었다 질 것이다. 자주색 질감을 뿌리며 찬란한 외로움을 견딜 것이다. 예쁜 모습을 지켜봐 줄 자

없는 그건 내 집 작약의 운명(運命)이다. 운명대로 살면 된다. 누군가는 살아서 새봄을 맞는다는 것은 기적이라고 했다. 나이 들어보니 기적은 도처에 늘렸다. 무수한 사건과 사고가 일어나는 시간 속에서 오늘 하루를 무탈하게 보낸 것만큼 큰 기적은 없다. 오늘 우리는 죽지 않고 거대한 기적과 대면했다. 충만하게 잘 살아야겠다. 매일 잠자리에 들면서 이 명쾌한 한마디를 들어야겠다. you're all set! 모든 것은 잘 처리되었습니다! 오늘도.

일가(一家)라는 두 글자

예상치 못한 꽃다발이다. 그들은 입국장을 들어서는 우리 일행에게 빳빳한 포장지에 감싸진 분홍색 장미꽃을 전한다. 제복(制服)을 입은 몸짓은 정중했고, 표정은 반가움에 물들었다. 놀라운 환대다. 이번 행사를 위해 입국장 한편에 마련된 데스크에서 제례복과 단체 베스트가 든 가방을 받고 버스에 탑승한다. 중국 산둥성 청도에서 쯔보(淄博)로 이동한다.

오박 육일 일정의 한중 노 씨 뿌리찾기 종친 모임의 시작이다. 첫 행선지는 시조(始祖)인 강태공 동상이 있는 태공망 공원에서의 제의 행사다. 대략적인 통계로 노 씨 성을 가진 인구는 한국 30만 명, 중국 600만 명쯤으로 추산한다. 두 나라 모두 전체 인구의 0.5% 수치다. 노 씨는 한중 뿐 아니라 동남아시아 각국에 흩어져 있어 '세계노씨종친회'를 결성하여 우의를 다진다. 두 달 전, 노씨종보(盧氏宗報)를 보던 남편이 중국에서 주최하는 종친 모임에 관심을 보였다. 그동안 두 나라는 정기적으로 교류를 해 왔다. 올해 같은 경우, 중국 노 씨 종친회에서 한국의 종친들을 초청했다. 행사는 성대하다. 버스에서 내리니 쯔보시에 거주하는 중국 측 종친들이 일행을 맞이한다. 강태공 동상 앞에는 동상만큼이나 거대한 대형 만장이 바람에 펄럭인다. 제례가 시작되고, 제복(制服)을 입은 양국의 대표들이 시조를 향해 술잔을 올린다. 의례는 유교에서 파생된 탓인지 한중이 별반 다르지 않다. 축문과 몇 순배의 제례주를 올리고 끝이 난다. 음복을 한 후, 함께 모여 구호를 외치며 기념사진을 찍는다. 서로 파안대소하는 표정 안으로 도타운 우애가 탑처럼 쌓인다. 저녁 만찬은 방문 환영과 초청 감사에 대한 양국 종친회장의 인사말로 시작된다. 삼천오백 년을 거슬러 올라간, 까마득한 세월 저편으로부터 이어진 혈족이 지금, 현재에 닿아있다.

 나는 이곳에서 '일가(一家)'라는 말을 듣는다. 만찬장으로 사용된 곳도, 앞으로 묵을 호텔도 모두 운영자가 노 씨다. 만찬주는 '노씨전용주'라는 상표가 부착되어 있다. 실제로 시중에 판매하는 술이다. 일행 중 누군가가 이 모두 우리 '일가'들이 운영하는 것이라며 감격스러운 목소리로 말한다. 말 속에는 벅찬 뿌듯함이 묻어있다. 일가라니. 참으로 오랜만에 듣는 단어다. 이런 자리가 아니었다면 타인이었을 수 있는 이들이다. 같은 성씨를 지녔다는 이유 하나로 나라는 다를지언정 일가라고 다정함을 드러낸다. 그 마음 앞에서 나는 가벼운 전율을 느낀다. 국어사전에 일가는 '한집에서 사는 가족, 혹은 성(姓)과 본(本)이 같은 겨레붙이'라고 되어있다. 그리 오래 되지도 않았던 세월 전, 일가 혹은 일가친척이란 말은 빈번하게 사용하였다. 이웃으로 살면서 친족으로 상부상조 하던 그런 시간이 있었다. 얽힌 그물망처럼 꽁꽁 매여 끈끈한 정을 나누고 의지하며 서로를 염려했던 시절. 그 푸근하고 정겨웠던 감정이 오랜만에 되살아난다.

 생각해 보면 그리 멀지 않은 기억 저편, 명절이면 고향으로 달려가는 차량 행렬에 고속도로는 꼼짝없이 주차장이 되던 그런 날이 있었다. 서울에서 부산까지 열 시간이 넘는 시간을 느리게 움직이며 이동하였지만, 기꺼이 수고를 마다하지 않았다. 자가용이 없던 더 이전의 시간에는 버스를 타기 위해 끝이 보이지 않는 긴 줄을 하염없이 서기도 했다. 그 고생 끝에 겨우 입석표를 구해 고향으로 내려갔다. 그 번거로운 수고에는 늙은 부모를 뵙고, 형제자매들과 웃음꽃을 피우는 당위성만 있는 건 아니었다. 큰집, 작은집 다니며 일가친척을 만나고 명절 음식을 나누어 먹는, 혈육이 주는 따듯한 온기가 그리워서이기도 했다. 보지 않았던 시간 동안 몰라보게 자라버린 아이들의 성장에 웃음과 덕담을 나누고 세뱃돈을 쥐여 주는 재미도 있었다. 하루해가 넘어갈 때까지 사촌, 오촌, 육촌, 사돈에 팔촌까지 방문하면서 두터운 정(情)이 스민 인사를 나누었다. 비록 몸은 피곤하였지만 시끌벅적한 소란스러움은 도시에서 느낄 수 없는 유쾌한 즐거움이었다. 어딘가 나와 닮아있는 피붙이를 마주 보며 도시에서의 깡마른 시간을 잠시 내려놓을 수 있었다. 돌아오는 길, 웃고 떠들고 나누면서 얻은 위로 한 조각은 전쟁 같은 일터에서 살아갈 수 있는 원동력이 되었다.

  산업화가 시작되자 사람들은 꾸역꾸역 도시로 몰려들었다. 먹고 살기 위해서 돈을 벌어야 했다. 돈이 있어야 행복하고 좋은 삶을 살 수 있을 것 같았다. 도시는 열심히 일하면 가난이 해결되고 풍성한 삶이 보장되는 곳이라 생각했다. 반짝이는 네온사인 밑에서 멋진 신세계를 꿈꾸며 바쁘게 살았다. 사람들이 몰려들자 점차 사회는 핵가족으로 세분되었다. 생각과는 달리 도시는 살아갈수록 삭막해졌다. 서로 긴밀한 관계를 맺고 정을 나누며 유기적으로 어울려 살아가던 시간은 차츰 소멸돼 갔다. 나 아닌 사람은 모두 타인이었다. 다정함과 환대가 사라지고 살벌한 적의만 범람했다. 누군가에게 기대고 싶어도 그런 언덕이 없었다. 뒤죽박죽 지옥 같은 도시에서 외로움에 견딜 수 없어 마음 둘 곳이 필요했다. 그때 문을 열고 찾아 들어간 곳이 종친회였다. 넓고 넓은 거대한 도시, 믿을 사람 한 명 없는 곳에서 불현듯 생각난 곳이 그곳이었다. 옛말에 궂은일에는 일가만 한 이가 없다고 했다. 그런 일가를 찾아 종친회에 모여든 이들. 너덜거리던 마음이 피붙이의 온기를 느끼며 삶의 두려움과 고독함을 덜어낼 수 있었다. 저 먼 조상으로부터 내려온 혈족이라는 실낱같은 이유가 위로가 되었다. 얼굴조차 몰랐던 사람들이 단지 같은 성씨라는 것만으로, 행복을 나누고 덕성을 베풀며 믿음의 향연을 펼쳤다. 타인이 내 속으로 들어오는 인연의 순간이었다.

하나둘 모인 인연이 세월이 흘러 이제 나이를 먹고 또 다른 종친을 찾아 오늘, 이곳에 있다. 만찬장 환영 현수막 위로 미러볼의 불빛이 화려하게 반짝인다. 만찬주로 나온 '노씨전용' 백주는 독하지만 담백하고, 마술을 시작으로 이어지는 축하공연은 다채로워 즐겁다. 타국의 종친 일가에게 느끼는 고운 정은 밀도가 높은 다정이다. 천 갈래 만 갈래로 꽁꽁 묶인 혈족의 경애가 사람과 사람 사이에 마음의 길을 낸다. 살만한 하루다.

정경숙

2017년 이한열문학상 수상.
많이 읽고, 꾸준히 쓰는 일을 열심히 할 것이다.
정말 좋은 글을 쓰도록 최선을 다하고 싶다.
하늘로부터 타고난, 천생 작가라는 말을 당당하게 하고 싶다.

어느 날 이야기

날마다 새벽이면 남양주의 오남읍 양지리 집에서 5시 10분쯤 출발해 20분 정도 자동차로 달려간다. 별내, 불암산 자락의 요셉수도원 새벽미사에 참례하기 위해서다.

겨울에 눈이 많이 올 때는 꼼짝없이 발이 묶이지만, 맑거나 비바람이 불거나 변함없이 늘 수도원으로 새벽미사 다니는 일상을 잘 이어가고 있다. 수년 동안 그럴 수 있었다는 데 스스로 놀라고 성실함에 관한 어떤 안심과 보람, 즐거움, 또한 신앙적인 입장에서의 감사함 등, 여러 감정을 갖지 않을 수 없었다.

아파트 언덕을 내려가면 동네 큰 길에선 당연한 것처럼 항상 오른쪽으로 달려갔는데, 어느 날 갑자기 가보지 않았던 다른 길로 가고 싶어졌다. 반대편 왼쪽으로 간다면 새로 생긴 고가도로를 타야했다. 몇 분 정도 시간이 단축될 것 같은 그쪽으로 가려면, 십년 전부터 군집해있는 고층아파트 사이로 해서, 옛 주택 동네가 없어지며 생긴 공장지대로 들어서야 했다.

그날은 좀 일찍 집을 나섰으므로 새 고가도로로 가까이 갔을 때는 다섯 시가 막 지나고 있었다. 12월 중순이었고, 날이 추워서 자동차 안에 히터를 좀 세게 틀었다. 이차선 좁은 길을 달리는데, 오른편에서 뭔가가 눈길을 잡아끌었다. 바로, 개나리 색으로 환하게 빛나는 작은 들창이었다. 스치듯 봤지만 사방이 깜깜한 속에 그 불빛이 그럴 수 없이 따뜻하게 여겨졌다.

새벽미사 갈 때면 차에서 줄곧 듣는 라흐마니노프 피아노 협

주곡 3번의 선율 속에, 어둠 속에 둥실 떠 있는 환한 들창은 묘한 신비감을 주었고 자동차는 저절로 어딘가 알지 못할 먼 곳으로 달리는 것 같았다.

서울에서, 지금은 본래 이름보다 북촌한옥마을로 유명해진 어린 시절 동네 집집의 들창들은 아늑한 골목으로 따스한 노란 불빛을 맘껏 내리쏟았다. 겨울 한밤중에 '찹쌀떡, 메밀묵' 소리가 가까이 들릴라치면, 집안에 있는 사람들은 약속한 듯 창호지 바른 그 작은 창들을 저마다 활짝 열면서 바깥 소리의 주인공을 놓치지 않았다. 곧이어 바깥 찬 공기와 방 안의 따스함이 교류됐고, 겨울 한밤의 먹을 것에 다들 환호했다.

그 무렵이었다. 인천 삼촌 집에 갈 때 자주 본 풍경이 있었다. 바다에 면한 도시에 가 닿을 즈음이면 경인고속도로 양옆으로 어김없이 염전이 펼쳐졌다. 서울에서 염전이 보이는 데까지 가는 내내 고속버스에서 길 연변 집들의 들창이 내다보였다. 저녁 어스름에 네모난 작은 창들의 불빛은 노랗게 밝았고, 그런 만큼 방안 모습을 다 보여줬다. 오랜 동요, "서산 너머 해님이 숨바꼭질 할 때엔, 언덕 위 새집에는 촛불 하나 켜있죠. 아니, 아니, 아니죠, 켜 논 촛불 아니라, 저녁 먹고 놀러 나온 아기별님 삼형제이지요…."의 분위기가 바로 거기 있었다. 안온하고 아련했고, 아름다웠다.

여느 때처럼 불암산 자락의 요셉수도원에 도착해, 늘 열려 있는 대문 안으로 들어가 메타세쿼이아 긴 길을 천천히 달려 올라 갔다. 연말이 가까운 겨울 새벽의 진한 어둠이 주위에 꽉 차 있었다. 병풍 같은 큰 검은 산 아래 과수원 배나무들을 비롯한 느티나무, 벚나무 등, 숱한 나무들이 짙은 어둠에 잠겼는데, 저만치 보이는 성당의 큰 창문들만이 불빛으로 환했다. 5시 30분, 미사가 시작되는 6시까지 여유가 있었다.

아까 별다르게 온 길에서 발견했던 개나리 색깔 들창이 떠올랐다. 차에서 내려 어둠을 가르며, 주차장 옆 화단 뒤로 아기 예수를 안고 있는 성 요셉 상을 지나, 등대 같은 수도원 성당을 향해 걸어갔다. 별안간, 잊었던 옛이야기가 눈앞에 펼쳐졌다.

'이상한 안경과 단추' 이야기였다. [*이원수(1911-1981) 동화 '이상한 안경과 단추', 참조-〈저학년이 읽는 한국 대표 명작동화1〉, 이원수 손춘익 지음, 2006 대교출판]

오래 전 어느 겨울밤, 찹쌀떡 장수가 자주 지나 다니는 골목에서 '안경이나 단추 사려' 하는 좀 특이한 외침을 듣게 된 한 젊은 남자가, 자기 방 들창을 열고 목을 길게 빼고 밖을 내다봤다. 금세 한 노인이 다가와 들창 문턱에 가방을 놓더니, 조용한 이런 밤이라야 알맞은 걸 고를 수 있지 않겠냐면서, 안경과 단추 중에서 안경을 권했다. 다른 사람의 마음을 들여다 볼 수 있는 안경이라고 했다. 안경장사 노인은 어느 결에 값도 받질 않고 사라졌고, 긴가민가했던 젊은이는 안경을 쓰고 그때부터 정말로 다른 사람의 가슴 한복판에 나있는 들창 같은 스크린을 통해 그 마음을 들여다 볼 수 있었다.

사업을 같이 하기로 한 친구에게서 겉과는 전혀 다른 안 좋은 속마음을 보았고, 자신을 속이는 여자 친구의 마음도 들여다보면서, 눈앞이 캄캄한 절망에 빠졌다. 결국 안경을 내동댕이쳤다. 그때 들창으로 다가왔던 노인이 갑자기 나타나, 안경이 싫어졌다면 자신의 마음을 보여주는 단추를 사서 옷에 달고 다니라고 강권했다. 젊은이는 단추를 받아들이면서, 남의 거짓말이나 나쁜 마음을 알게 되느니 차라리 자신의 좋은 마음을 보여주고 말겠다고 결심했다.

그런 이야기였다. 초등학교 때 언제쯤인지 소년소녀문학전집에서 처음 봤던 것 같다. 신비스런 얘기였지만, 이상한 안경과 단추보다 거기서 나온 들창 풍경이 오래 기억됐다. 들창을 통해 장사를 부르고, 물건을 주고받은 것이 인상 깊었던 것 같다.

불빛 환한 들창은 그 따뜻함과 아늑함으로 이미 한 편의 동화가 됐다고 여겨졌다. 그런 들창을 새벽 미사 길에 발견한 거였다.

한동안, 깜깜한 한겨울 어둠 속에 노란 불빛을 내보이는 그 들창을 스쳐 바라보며 수도원의 새벽미사에 갔다. 아침이 밝아올 때까지 마냥 빛나는 새벽하늘의 별과 함께 아련했고, 그러면서 정겨운 불빛이었다.

어느 결에 긴 겨울은 서서히 물러나고, 차츰 어둠이 연해지고, 새벽빛은 더 빠르게 환해져갔다. 3월을 지내면서, 춘분을 맞았다. 어느 날 새벽미사 길에 그 들창이 '바람과 함께 사라진' 것처럼 없어졌다는 걸 깨달았다. 푸른 새벽 어스름 속에 차창 밖을 재빠르게 아무리 살펴도, 개나리 빛깔을 뿜던 작고 네모진 창문은 결코 찾을 수 없었다.

그냥 어느 공장의 일부였을까 생각한 건, 날이 자꾸 더 환히 밝아져서 비로소 구분하게 된 주변의 우후죽순 같은 조립식 공장건물들 벽, 여기저기 뚫린 환풍구 같은 무수한 작은 창문들을 봤기 때문이었다.

그렇지만 어떻든 다시 겨울이 오면, 환상으로라도 좋으니 그 들창이 어둠 속에서 개나리꽃처럼 환하게 나타나 주기를 바랐다.

문득 무서운 생각이 들었다. 아니, 새벽미사 갈 때 깜깜한 어둠 속에서 환한 들창을 그렇게 정겹게 봤다면, 미사 드리고 돌아오는 길에서는 들창을 왜 전혀 염두에 두질 않았을까. 해가 뜨고 날이 훤히 밝았을 때는 당연한 듯 그만 까맣게 잊고 말았다. 새삼, 미사 갈 때와 미사에서 돌아올 때의 태도까지 돌아보았다.

어쨌든, 새벽을 열어젖히며 수도원으로 미사를 드리러 계속 가고 있다는 사실과, 그리스도 신자로서의 자신을 살펴보게 됐다. 어떻든, 새벽미사는 차고 넘치는 기쁨을 안겨주고 있다. 세상을 향해 언제나 불빛 환한 정겨운 들창 같은 노릇을 해야 되지 않나 하는 마음가짐도 심어주었다.

새벽미사 길, 개나리 색깔 들창을 봤던 데선 이제 진짜로 샛노란 개나리꽃무리가 화들짝화들짝 피어나고 있다. 아름답고 찬란한 세상일 수밖에 없다.

곁에 있는 이야기

얼마 전, 유명한 작가 요시모토 바나나의 소설을 원작으로 한 일본영화 '바다의 뚜껑'을 봤다. 도쿄에서 직장을 다녔던 20대 여성 마리는, 이즈 반도 서쪽의 고향으로 돌아와 허름한 창고를 빌려 산뜻하게 고친 다음, 빙수가게를 열었다. 어느 날 힘든 상황을 피해 온, 자신보다 나이 어린 여성 하지메를 알게 된다. 어머니 친구 딸인 하지메에 대해, 처음엔 어머니의 당부 때문에 잘 대해주다, 곧 친해지면서 함께 빙수가게 일을 해나간다.

가게 앞에 펼쳐진 바다의 푸름과 절로 미소 짓게 만드는 잔잔한 일상의 얘기가, 그야말로 5월 신록을 흔드는 미풍처럼 마음에 스며들었다. 그런데 한 가지가 좀 거슬렸다. 도서관에 가서 원작 소설을 일부러 찾아 읽기까지 했는데, 책에 없는 내용이 영화에 떡하니 나왔다. 주인공 마리와도 전체 이야기 흐름과도 전혀 어울리지 않는 장면이었다.

마리는 빙수가게를 준비하며 집 마당에서 긴 의자를 만들었다. 아버지가 도왔지만, 마리가 "줄이 비뚤어졌잖아요!."라고 외칠 만큼 일이 서툴렀다. 아버지가 비키고, 마리가 드릴을 잘 다루면서 못을 척척 박고, 긴 의자를 매끈하게 뚝딱 잘 만들었다. 아버지가 "잘 한다"고 칭찬했고, 그때 "밥 먹으라"고 외치면서 어머니가 뒷마루에 등장했다. 어머니는 의자 만드는 데 열중한 딸을 좀 마땅찮게 보면서 "여자애가 저런 일을…" 하고 말끝을 흐렸다.

그 어머니는 커리어우먼이고, 마리는 자신의 일을 결단력 있게 진취적으로 잘해나가는 인물인데, 왜 영화에는 원작에 없는 '여자애가 저런 일을…' 하는 장면이 있는 건지 이상했다.

영화를 만든 감독이나 제작자들이 의도적으로 그랬을까. 여자로서 의자를 만들거나, 창고를 개조해 주방시설을 들이거나 페인트칠을 하면 안 되는데, 주인공 마리가 유난스러워서 여자들이 할 수 없거나 하면 안 되는 일에 도전했다는 걸 보여주려 한 걸까.

아닌 게 아니라 현실에서 같은 상황을 자주 맞닥뜨린다. 자신이 돈을 다 벌어 남편과 자녀들을 건사하면서 누구보다 당차게 산다고 여겨지는 주변 여성들이 의외로, '남자가 힘이 세지', '어딜 가도 남자가 있어야 든든해', '남자는 이성적이고, 여자는 너무 감성적이지', 등등… 당연한 듯 말하는 걸 보면, 그 영화장면에서처럼 거슬림과 못마땅함이 솟구친다. 한 동네에서 공인중개사 사무실을 오래 운영해 온 한 여성은, 그동안 공들인 고객과 계약서를 쓰려는 순간, 텃밭 가꾸는 것 말고는 집안에 늘 붙박여 있는 남편이 "점심 안 차려?"하고 우레같이 소리 지르면, 모든 걸 순식간에 접고 남편 밥상을 차리기 위해 안채로 허둥지둥 뛰어간다. 지나다가, 공인중개사 사무실 바로 옆의 텃밭에서 잘 자란 푸성귀 옆에 멀뚱히 섰는 그 남편을 보면, '왜 자기 밥도 못 챙겨먹는가', 한마디 하고 싶어진다.

이런저런 비슷한 이야기가 너무 많다. 입에 침이 마르게 남의 똑똑한 딸을 칭찬해마지 않는 한 여성이 '아휴, 어느 남자가 걔를 데려갈지 복도 많네'라고 말한다든가, 부당한 남편과의 험난했던 결혼생활을 사람들 앞에서 한참 하소연 하던 나이 많은 한 여성이, 옆에 지나가는 이웃의 젊은 여성에게 '아니, 언제 시집 갈 거야!'라고 만방에 들으라는 듯 외치는 걸 보면, '도대체, 뭐지?' 싶다. 언제까지 여성들은 '시집'가야하고, 남자에 의해 '데려가져야'하는 대상인가.

아이들이 어릴 때 유치원 수업에 참관 가서, 거기 선생님들이 열이면 열 모두 '분홍색은 여자 색깔, 파란색은 남자 색깔'이라면서, '여자들은 얌전하게 남자들은 씩씩하게'라고 구분 짓거나, 가부좌를 '아빠 다리'로 표현하는 걸 보고, 그 자리에서 당장 뭐라고 항변했다. 집안에서 딸과 아들의 구분 같은 건 꿈도 꾸지 않은 입장에서, 이 21세기가 물처럼 빨리 흘러가는 때, 우리 사회에 가부장적이며 여성 남성의 불평등한 차별이 생생히 콘크리트더미같이 존속한다는 데에 절망하게 된다. 신세한탄을 하면서 그냥 그 틀에 갇힌 것처럼 막무가내로 있는 여성들 또한 답답하고 무지막지하게 여겨진다.

이런 상황을 항거하듯 보여준 소설, 《82년생 김지영》이 있었다. 우리나라에서 2016년 한창 유명세를 타고 많은 논란을 일으켰고, 2년 쯤 뒤 일본에서 선풍적인 인기를 끌었다고 했다. 그 소식을 전해준 사람은, 그전에 내게 일본어를 가르친 30대 여성인 일본인 선생님이었다. 현대 젊은 일본여성들은, 자기 남편을 지칭하는 '슈징'(**主人)이라는 말을 싫어한다고도 했다. 남편은 더 이상 부인을 소유하는 '주인'이 아닌 것이다. 직장 등에서 만연됐던 여성신체를 대상으로 한 농담도 함부로 할 수 없는 분위기가 돼 가고, 고착돼 온 여성비하 단어를 고쳐 쓰는 등, 공식적으로 한국과 일본에서 서서히 좋은 변화가 일어나는 것도 사실이다.

　우리나라에서는, 서울시여성가족재단이 '서울시 성평등 명절사전-2020 추석특집편'을 제작 발표한 적이 있다.[*서울&, 2020년 9월 24일 기사 참조] '코로나 시대에 시민이 기대하는 성평등한 명절의 모습'과 관련해, 시민들의 아이디어를 모아 나온 말들이라고 했다. 흔히 쓰는 '친가', '외가'라는 용어에서, 아버지 쪽은 가깝게 '친할 친(親)'을 쓰고, 어머니 쪽은 멀게 '바깥 외(外)'를 써서 구분한 것들이 지적됐다. '친가'는 '아버지 본가', '외가'는 '어머니 본가'로 부르자고 했다. [*예: 집사람, 안사람, 바깥양반 등은, 남성은 집 밖에서 일하고 여성은 집 안에서 일한다는 인식에서 비롯된 표현이니 지양하고 '배우자'로 부르자는 내용도 포함했다. 또 '서방님', '도련님', '아가씨' 등은 계급이 있던 시대 상전을 부르는 호칭으로 사용되던 것을 가족관계에 적용하는 것으로 불편하고 부적절하므로 이름에 '씨'나 '님'을 붙여

서 부르자고 권했다. --〉서울&, 2020년 9월 24일 기사 중에서 인용]

그런데 실제로 이런 성평등한 용어는 발표만 됐을 뿐, 서울시 가족재단 측에서도 저변확대를 위한 이렇다 할 활동을 벌인 것 같지 않다. 여전히 사람들은 '여자는 시집을 가야하고, 시어머니 등 시댁어른한테 잘 해야 하고, 명절에는 당연히 시댁에 가서 일하고, 눈치 보면서 어렵게 친정에 가는 며느리들의 세상' 속에 살고 있다.

작년 12월 초, 칼날 끝의 계엄과 그 부당함을 저지른 대통령을 파면하는 정국에서 거리에 나가 맹활약을 한 20, 30대 여성들은, 우리나라 우리 사회가 앞으로 어떻게 혁명적으로 변화해야 하는지 혼신을 다해 보여주었다고 생각한다. 《82년생 김지영》처럼 불평등의 억울함 속에 살아온 여성들이 모든 부정과 비민주적인 불의함에 앞장 서 저항했다. 섣부른 나쁜 정치인이 선동하여 여성주의를 혐오로 밀고 남성과 여성을 갈라치기 한다고, 그 큰 물결 같은 도도한 상황을 그저 외면하고 넘어갈 수 없는 것이다. 역차별이니 뭐니 해도 사실, 실생활에서 습관적으로 우리 의식 안에 계속 집채만 하게 도사리고 있는 가부장적인 여성 차별의식을 어떻게 부술까 하는 게 우선 발등에 떨어진 불이 아닐까 싶다.

그전부터 하도 들어온 얘기라고 해도, 무엇보다 인간존엄성이 전제돼야 한다는 그 말을 또 다시 하지 않을 수 없다. 새로운 시대에 여성, 남성, 모두 다 평등하기를 바라는 진정성에서 정말 그렇다.

이때, 올해 부활시기 4월 21일에 선종한 프란치스코 교황의 말이 마음에 종을 울린다.

'기쁨! 절대로 슬픈 남자, 슬픈 여자가 되지 마십시오!'[*프란치스코 교황, 2013년 3월 24일 주님 수난 성지주일 강론 중에서]

성지 순례

2025년 2월 초 일요일 이른 아침 8시 20분경, 성당에서 예비 신자들[*그리스도 신자가 되려고 세례를 받으려고 6개월간 교리 공부 중인, 가톨릭교회에 입교한 사람들을 지칭]과 함께 서울 3개 성지 순례 길을 출발했다. 하늘이 연푸른빛으로 맑았고, 햇빛이 사방에 환했다. 별로 춥지 않았고, 어딘가에서 새 봄꽃이 금방 피어날 것 같았다.

본당 신부님의 강복을 받고, 나를 비롯한 교리봉사자 여섯 명과 주일 오전반, 오후반, 수요반을 망라한 예비자들 열한 명이 성당 스타렉스와 승용차 두 대에 각각 나눠 탔다. 곧 있을 주일 아홉 시 미사 참례를 위해 성당 마당 안으로 속속 들어서는 본당 교우들을 보면서 작은 길을 벗어나 큰길로 나갔을 때, 주일 오전반을 담당한 봉사자 김요안나가 "우리, 성지 순례를 위해 기도해요." 하고 말했다. 모두 소리 높여 주모경[*주님의 기도, 성모송, 영광송을 말함]을 바쳤다. 이어서 예비신자들 사이에 자리 잡은 봉사자들, 최아녜스, 박데레사, 이데레사가 미리 마련해 둔 간식주머니를 한 사람 한 사람에게 다 나눠주었다. 샌드위치, 초콜릿, 귤, 사탕, 음료수를 넣은 간식주머니 외에 뜨거운 물과 커피가 담긴 커다란 보온병도 따로 옆에 있었다.

스타렉스 운전대를 잡은 나는 백미러로 뒤편의 승용차 두 대를 바라보면서, 머릿속으로 찻길 경로를 다시 한 번 그렸다. 뒤편 승용차들은 앞서지 않고 묵묵히 뒤따라 달려왔다. 교리봉사자 김마르티나가 운전하는 차에는 주일 오후반 예비자 세 명이 타고 있었고, 예비신자 남편이 운전하는 다른 한 차에는 그 부인인 주일 오후반 예비자가 타고 있었다. 그는 임신초기라고 했다. 우리는 진작 축하의 박수를 쳐주었다. 두 승용차 안에서도 기도를 드리고 간식을 나눴을 것이다.

남양주에서 서울로 좀 더 빨리 갈 수 있는 세종포천고속도로를 타고 북부간선도로로 간 다음 내부순환도로로 접어들었다. 일요일 오전은 토요일보다 오히려 한산했다. 북한산 기암절벽을 관망하며 달리는 내부순환도로에서, 금방 도착할 서소문 밖 네거리 순교성지와 그 맞은편 언덕 위의 약현성당, 그리고 용산 전자상가 속의 당고개 순교성지 앞을 지나쳐, 한강변에 있는 새남터 순교성지까지의 순례여정을 떠올렸다.

소풍처럼 먹을 것을 나누고 창밖을 구경하며 어딘가로 떠나는 들뜬 분위기 속에, 어떻게 '죽음으로 자신의 신앙을 증거한 순교자들' 영성을 잘 전달할 수 있을까, 세례를 준비하는 예비자들에게 과연 어떤 인상을 주게 될까, 하고 잠깐 생각했다.

나는 한국천주교회사에 관해 그전부터 관심이 지대했으므로, 사실 성지순례 가서 예비자들 뿐 아니라 신자들에게 순교자들과 박해사화(迫害史話)에 관해 설명하는 것을 즐거워하는 편이었다.

서소문 밖 네거리라든가, 약현성당, 새남터를 수없이 갔지만,

갈 때마다 어떤 묘한 기분 속에 빠져드는 것 같았다. 그건 한 마디로 표현할 수 없는 그 무엇이었다. 서울에서 나고 자라 그런지, 현재 초고층빌딩들로 빽빽하고 예전에 비해 지나치게 많이 달라진 대도시 안에, 어릴 때부터 눈에 박힌 풍경의 친숙함은 여전히 남아있었다. 서울역 뒤 서부역 부근이라든가, 한강을 향해 가는 원효로와 청파동과, 서소문으로 가는 서대문 사거리와 덕수궁 근처 등등, 네비게이션없이 당연히 잘 달렸다. 그런데 주변의 순교성지를 찾을 때면, 어린 시절부터 낯익은 풍경들은 저 멀리 더 오랜 옛날처럼 물러가버리고, 조선시대 말엽 박해시대의 풍정들이 훨씬 밀접하게 다가오는 거였다. 뭉클함, 먹먹함 같은 게 마음에 밀물처럼 차올랐다.

한때 노숙자들이 머물고 서소문공원으로 불렸던 서소문 밖 네거리 순교성지는 현재, 서소문 역사공원과 서소문 성지역사박물관으로 명명돼있다. 지하주차장 입구서부터 거대한 미술관 같은 건물로 들어가게 된다.

차에서 내리자마자 교리봉사자들은 누구랄 것 없이 저마다 예비자들을 안내하는 데 집중했다. 서울시에서 청소차 주차장으로 만들려 한 곳을 이렇듯 근사하게 역사공원과 박물관으로 조성한 것에 대해, 백번 잘했다는 말들을 하지 않을 수 없었다.

역사박물관은 지하 1층부터 3층까지, 순교자들 유해를 모신 콘솔레이션홀, 순교자들의 열렬함을 형상화한 나무기둥들이 늘

어선 하늘공원, 조선후기 사상사와 서소문성지 역사를 알려주는 상설전시관, 정하상 성인 기념경당 등등이 즐비하다.

박물관으로 가기 전, 우리는 지상의 서소문역사공원 순교자 현양탑 앞에 모이기로 했다. 삼삼오오 짝 지은 예비신자들과 봉사자들이 현양탑으로 가는 오솔길에서 걸음을 멈추고, 야외제대 옆 벤치에 거적을 쓰고 누운 조각상, '노숙자 예수'를 한참동안 쳐다보았다. 그 중 어떤 남자예비자는 바짝 다가가 손으로 쓰다듬기까지 했다. 거적 밖으로 나온 청동색 두 발에 못 박혔던 자국이 선명했다.

이윽고 화강암으로 된 기둥 세 개가 우뚝 서 있는 순교자 현양탑을 올려다보면서, 예비신자 한 사람 한 사람을 맞바라보며 이야기를 시작했다. 가운데 탑은 순교자들을 묶었던 형구 모양이며, 저기 순교자 조각상에 쏟아지는 일곱 개의 빛은 예수 그리스도의 7성사(聖事)를 의미한다, 왼편 탑에는 김대건 신부와 정하상을 비롯한 103위 성인 중에 서소문 밖 네거리에서 참수당한 44위 이름이 새겨졌고, 오른편 탑에는 윤지충을 비롯한 124위 복자 중 서소문 밖 네거리에서 참수당한 27위의 이름이 새겨졌다, 라고 말을 쏟아냈다. 예비신자들 얼굴이 진지해져 갔다. 조선시대 공식 처형지로 악명 높았던 서소문 밖 당시 상황이 현실감 있게 다가왔다.

천주교 신자든 예비자든 잡아내면 바퀴달린 십자형틀에 묶어

대롱대롱 매달리게 한 채, 서소문 문밖 경사진 흙길을 마구잡이로 내달리게 한 후, 구경꾼들이 빙 둘러선 형장에서 망나니가 참수할 때 단번에 내려치지 않고 여러 번에 나눠 칼질해, 극한 고통을 주었다.

서소문 순교성지 다음엔 약현성당엘 가기로 돼있었고, 그 이후에는 청파동을 지나고 원효로를 달려 한강변의 새남터 순교지에 가야했다. 서소문 밖 네거리에서는 1801년 신유박해부터 1866년의 병인박해까지 신원이 확인된 순교자만 100명이 넘었다. 새남터에선 주문모 신부, 김대건 신부 등 성직자들이 주로 처형됐다.

약현성당을 떠나 새남터에 가면, 근처에 예약해둔 식당에서 점심을 먹고 잠시 쉬었다가, 새남터성지 박물관에서 순교자에 관한 동영상을 관람하고, 그곳 성당에서 순례자를 위한 오후 3시 주일미사를 드리기로 돼 있었다. 그럼 오늘의 성지순례를 다 마치는 거였다.

순교자들의 처형지를 내려다보는 언덕 위에 세웠다는 우리나라 최초의 붉은 벽돌 고딕의 약현성당이 아파트 숲 사이로 아주 오래된 골동품마냥 언뜻언뜻 보였다. 명동성당보다 늦게 시공했지만, 6년 더 빨리 지어진 약현성당에 관해서도 설명했다. 가톨릭의대와 성모병원의 기원이 된 성당 안의 자선병원에 대해서, 박해가 끝나고 1896년에 있었던 우리나라 최초의 사제서품

식 얘기도 했다. 그리고 지금 저 약현성당 건물은 2000년에 새로 지어졌다고 덧붙였다. 1998년에 술 취한 한 개신교신자가 불을 질러, 유서 깊은 옛 성당이 모조리 불타버린 것이다.

'한국의 모든 순교자들이여, 저희를 위하여 빌어주소서!'로 끝맺는 기도를 바치고, 봉사자들이 예비신자들을 안내해 서소문성지역사박물관 쪽으로 갔다. 오솔길에서도 엘리베이터 앞에서도 나는 입을 다물지 않았다. "오늘날 우리 교회가 성장한 건 순교자들의 땀과 피 덕분입니다. 우리는 순교자들을 기억하며 그분들이 희망한 하느님 나라를 현재에 잘 실현해가야…"라고 의도한 것과 다르게, 124위 복자 중 한 분인 '이성례 마리아'에 관해 직접 본 것처럼 말했다.

1839년 기해박해 때, 큰아들인 최양업은 사제가 되기 위해 다른 두 소년, 김대건과 최방제와 함께 마카오에 유학 가 있고, 남편 최경환은 감옥에서 장살(杖殺)을 당했다. 그는 감옥에서 품 안에 데리고 있던 젖먹이가 굶주려 죽자 거의 미쳐서, 배교하고 석방됐다. 그렇지만 금방 자책하며, 남아있는 어린자식들을 대강 건사해놓고 제 발로 다시 감옥에 들어갔다. 처형 전날, 어린 자식들은 구걸한 돈으로 망나니를 찾아가 '내일 우리 엄마 목을 벨 때는 여러 번에 나눠말고 단칼에 베달라'라고 부탁했다. 당고개에서 죽음의 순간, 그는 친척집에 가라고 근처에는 얼씬도 말라고 신신당부했음에도, 형장에 와 있는 자기 아이들이 악머

구리처럼 우는 소리를 들었다.

  나는 묘한 기운 속에, 성지역사박물관으로 향했다. 엘리베이터를 타기 직전 얼핏 눈에 들어온 풍경이 옷자락을 잡아당기는 듯했다. 그건 입춘을 지낸 2월 따뜻한 햇살 속에서, 역사공원 한 귀퉁이에 꿈속처럼 화들짝 샛노란 꽃을 막 피운 산수유나무 한 그루였다.

안지숙

2005년 신라문학상 수상. 작품집 『스위핑홀』 외 다수.
한동안 소설 쓰기에 빠져 있다가 요즘은 좋은 풍경에 빠져 틈만 나면 밖으로 나돈다. 밖에 나오면 글을 쓰고 있는 내가 어쩐지 그립고, 글을 쓰자고 앉아 있으면 햇볕과 바람과 숲과 바다가 부르는 소리에 몸이 들썩인다.

풍경 하나 -K군청 구내식당에서

K군청에서 운영하는 구내식당에 종종 점심을 먹으러 간다. 군청 직원은 12시부터 5,000원짜리 식권을 내고 식사하고, 일반인은 12시 30분부터 5,500원짜리 식권을 사거나 현장에서 카드로 결제하고 식사한다. 시중 식당보다 가성비가 월등히 좋아 직원들이 식사하는 동안에 사람들이 줄을 서서 대기하는데 그 길이가 50미터를 넘는다.

나는 대기하는 사람이 엔간히 줄었을 시간에 맞춰서 좀 늦게 간다. 그렇다고 너무 늦게 가면 안 된다. 식당 운영 지침상 음식을 남길 바에야 모자라는 쪽으로 하는지라 잘못하면 음식이 동나서 발걸음을 돌려야 할 수도 있다. 일 년 남짓 식당을 다녀본 바 그 타이밍이 12시 40분이다.

오늘도 12시 40분에 식당에 들어서서 대기하는 줄 끝에 가서 서려는데, 내 뒤에 들어온 여자가 후다닥 요란스럽게 달려오더니 나와 앞사람 사이로 비집고 들어왔다. 앞사람과 나 사이의 간격이 50센티 정도였다. 여자가 내 앞에 서서 뒤에 따라오는 누군가에게 "여기에 서 있으소." 하고는 식권 사는 데로 갔다. 뒤를 돌아보니 머리가 희끗한 남자가 천천히 걸어와서는 내 뒤에 섰다. 여자의 남편으로 보였다. 그나마 남편 쪽이 여자가 한 행동이 몰상식하다는 걸 알아서 다행이지 싶었다. 남자가 여자 말을 듣고 내 앞에 섰으면 가볍게라도 언쟁했을 것이고 소중한 한 끼의 밥맛을 떨어트렸을 것이다.

구내식당에서 줄을 서 있으면 새치기 아닌 양 새치기하는 사람을 자주 보게 된다. 주로 한 아파트에 사는 사람들이나 이런저런 모임을 하는 사람들이 그런 장면을 연출한다. 시간차를 두고 와서는 맨 앞에 선 사람 쪽으로 뒤에 온 사람들이 가서 붙는 것이다. 한 사람한테 여러 명이 우르르 몰려가서 붙을 때도 있고, 한 사람씩 슬그머니 눈치 보며 붙기도 한다. 서너 사람이 앞에 서 있는데 어쩌다 늦은 한 사람이 가서 붙는 건 그럴 수 있다 쳐도, 한 사람이 서 있는 쪽으로 대여섯 명이 가서 붙는 건 되게 경우 없고 뻔뻔한 짓이었다. 별것 아닌 일에 시비를 따지고 싶지 않아 다들 잠자코 있지만, 그런 행태를 좋게 볼 사람은 없다.

"거, 차례 좀 지킵시다. 누구는 뭐 할 일이 없어 미리 와서 기다리는 줄 아나."

참다못한 누군가 한마디 할 때도 있다. 그럴 때마다 나오는 변명은 한결같이 똑같다.

"아이고, 우리가 일행이거든요. 양해 좀 하이소."

일행이 무슨 벼슬인가. 웃는 얼굴로 양해를 구걸하고는, 대답을 듣기도 전에 몸을 돌린다. 양해를 구하려면 불만을 표한 사람뿐 아니라 자신이 무단으로 제친 사람들 모두에게 양해를 구하고 허락한다는 답을 제대로 들어야 한다. 그게 상식이다. 다른 사람 심기를 불편하게 하면서 대기 순번을 당겨 자기들끼리 모여 먹으면 참 즐겁기도 하겠다. 조용히 혀를 차지만 굳이 그런 사람들을 말리느라 나선 적은 없었다. 그러다 보니 새치기해서 내 앞에 서 있는 사람들 때문에 심기가 몹시 불편해질 때가 있다. 하얀 주방 가운을 입은 식당 주방장이 나와서 대기하고 있는 사람들 앞에 서는 상황이 발생하는 경우이다.

"저, 죄송한 말씀을 드립니다. 닭다리가 다 떨어져서 지금부터는 닭죽만 드셔야 하는데 괜찮으실까요?"

청천벽력 같은 소리다. 닭다리백숙이 나오는 날이라서 30분이나 서서 기다렸는데 닭죽이나 먹고 가라고? 닭죽이 싫으면 돌아가라고? 말이 돼? 사람들이 웅성거리고, 그 와중에 새치기 아닌 새치기를 한 사람들이 앞줄에 있는지 눈을 부릅뜨고 확인하게 된다. 앞줄에 서 있으면 몰라도 이미 닭다리가 들어간 백숙을 앞에 놓고 앉아 있는 걸 보게 되면 분위기가 살벌해진다. 왕왕 그런 일이 있는데, 우스꽝스럽다면 우스꽝스럽고, 치열하다면 치열한 구내식당의 풍경이다. 15,000원 가치가 있는 육개장과 11,000원짜리 한방돼지고기찜과 12,000원짜리 생선가스와 10,000원짜리 고등어백반을 5,500원에 포식하기 위한 경쟁에서 우물쭈물하다간 낭패를 당할 수 있는 것이다.

오늘 새치기를 정면으로 맞닥뜨리면서 우스꽝스럽다면 우스꽝스럽고, 치열하다면 치열한 구내식당의 풍경 속으로 들어설 뻔하다 피한 셈인데, 밉상은 끝끝내 밉상인 것인가. 앞에 선 열 명가량의 대기자가 차례차례 배식구로 들어가고 내가 카운터 앞에 다가설 때였다. 여자가 카드를 결제기에 꽂는 나를 돌아서 앞으로 가더니 식권 통에 식권 두 장을 넣고 배식구 대기선에 가는 것이었다. 저러려고 아까 남편을 뒤에 세우고 카운터로 달려가 식권을 샀던 듯했다. 남자는 카드를 뽑는 나를 흘끔 보더니 여자 뒤로 가서 섰다.

'왜들 저러냐.'

나도 모르게 입 밖으로 소리를 낼 뻔했다. 보아하니 준비된 음식이 모자라지도 않고, 이어폰으로 오디오북을 듣고 있어서 지루하지도 않고, 두 사람 먼저 배식구에 보내도 2, 3분밖에 늦어지지 않지만 심기가 불편했다. 아까 나와 내 앞사람 사이로 여자가 육중한 몸을 비집고 들어설 때부터 속이 꼬였던 터였다.

"제가 앞에 설게요. 이 줄, 구내식당에 온 순서대로 서는 거라서요."

나는 굳이 부부 앞으로 가서 서며 단호하게 말했다. 여자가 '니 뭔데' 하는 눈길로 나를 쨰려보았다. 인상이 사납고 더러웠다. 아까 내 앞에 섰을 때는 너무 바투 서는 바람에 얼굴을 제대로 못 봤는데, 가까이서 보니 참으로 인상은 과학이었다. 남자는 두 여자 사이의 기싸움을 아는지 모르는지 멀뚱멀뚱 보기만 했다.

남자 표정을 보다가 문득 생각났는데, 일행이라는 게 무슨 면

죄부라도 되는 듯 적극적으로 새치기하는 무리를 보면 단연 여자들이 많았다. 남자들은 앞줄에 아는 사람이 있어도 어이, 하며 팔 한 번 들었다 놓고는 서로 멀뚱멀뚱 따로 서 있다가 배식 시간이 차이 나면 서로 다른 탁자에서 식사를 했다. 여자들은 달랐다. 일단 아는 사이다 싶으면 어떡해서든 자리를 같이하려고 애를 썼다. 서로 아는 처지에 다른 자리에서 식사하는 건 그 사람에 대한 배신이기라도 한 듯이 안달복달했다. 시간차를 두고 탁자에 앉은 뒤에도 자리를 옮겨가면서까지 서로 뭉쳤다. 애써 뭉쳤으니 밥 먹는 시간이, 아니 밥 먹고 나서 수다 떨며 앉아 개기는 시간이 길었다. 그 바람에 뒤에 오는 사람들이 음식 담긴 식반을 들고 식당 안을 유령처럼 방황하는 일이 생기곤 했다. 나도 여자라서 남녀 비교하며 여자들 흉보기 싫지만, 참 이해가 안 되는 심리이고 태도이다. 정말 왜들 그러는지. 혼자 밥 먹다 죽은 귀신이라도 봤나. 밥 먹고 나서 바로 일어나면 방정맞다고 누가 욕이라도 하나.

싸가지없는 적을 물리치고 내 차례를 지켜 식판을 집어 든 나는 배식구로 가서 오늘의 첫 끼, 아점을 담았다. 밥은 흑미밥, 마음에 들었다. 달콤 짭짜름한 진미채가 있지만 잇몸을 생각해 건너뛰고, 어묵마늘쫑볶음을 조금 담았다. 배추김치와 샐러드, 감자고로케랑 버섯불고기도 담았다. 마지막으로 봄동황탯국을 받아 식당을 쓱 일별한 뒤 탁자로 갔다. 2004열 종대로 늘어선 탁자 가운데 아무 데나 앉을 수 있지만 내 지정석은 따로 있다. 배식구 반대쪽 벽에 붙은 탁자 중 중간쯤에 있는 탁자다. 배식구에서 멀어서 다른 줄보다 덜 혼잡했다. 무거운 식판 들고 벽에 붙은 줄까지 잘 오지 않는데 저만치서 음식을 가득 담은 식판을 받쳐 들고 벽 쪽으로 오는 두 사람이 눈에 띄었다. 아까 그 부부였다. 내 가까이 앉을까 봐 일부러 삐딱하게 쳐다봤다.

여자가 내 곁을 지나칠 때 핏, 하는 소리를 냈다. 정확히 들은 건 아니지만 들은 것보다 더 확실히 느꼈다. 여자 콧구멍에 힘이 들어가면서 옆으로 벌어지고, 윗입술이 뒤집어지는 순간도 포착했다. 노골적인 비웃음이 뜻하는 바가 뭔지 내가 모를 리 있나.

'어휴, 성질이 저 모양이니 같이 밥 먹을 사람도 없지."

딱 그렇게 확신하는 눈치였다. 틀린 말은 아니다. 아니지만, 시시비비 칼같이 따지고 성질 더러운 게 경우 없고 무례한 것보다는 낫지 않나. 그리고 여럿이 둘러앉아 상대방 침 튀긴 음식 먹는 게 정신건강에는 좋을지 모르나, 위생을 생각하면 찝찝하기 짝이 없다. 모든 것을 감안해서 결론을 내리면 혼밥이 최고다, 지난 몇 년간 내가 한 번도 코로나에 안 걸린 건 혼밥 덕분일 거다. 거기다 혼밥은 오롯이 음식에 집중해 맛을 음미하면서 식도락을 즐길 수 있다는 크나큰 장점이 있다.

'음식 빨리 먹겠다고 설치는 당신들이 식도락을 알겠냐. 저거

봐라, 입 찢어지겠다.'

맞은편 테이블에서 샐러드를 푸짐하게 입에 쓸어 담는 부부를 쳐다보는데, 남자가 나를 보며 히죽 웃었다. 지은 죄도 없는데 어깨가 뒤로 젖히며 움찔 놀랐다.

"혈당 올라가지 않게 샐러드부터 먹는 게 좋답디더. 식사 맛있게 드이소."

남자가 샐러드를 집은 젓가락을 쳐들며 말했다.

"네? 아, 네……."

말을 얼버무리는데 나를 빤히 보고 있던 여자가 손뼉을 쳤다.

"어디서 봤다아 싶더마는. 도서관 근처 살지예? 우리는 시유 도서관점 바로 옆집이라. 시유 앞으로 왔다 가는 거 내가 몇 번 봤어. 아까는 마스크 때문에 몰랐네."

여자가 반갑다는 듯 소리를 높였다. 그래서 어쩌라고? 나는 인상을 폈다 구겼다 하며 어정쩡하게 웃었다. 당장 내일이라도 대기하는 줄에 서 있으면 "우리가 남이가." 외치며 달려올 양인지, 부부가 웃는 얼굴로 끈질기게 나를 바라보았다. 나는 국그릇을 방패처럼 들어 올려 뜨겁게 이글거리는 부부의 눈길을 차단하고서, 김이 올라오는 국을 후루룩 마셨다. 따끈한 국물이 속을 데우자 상식과 원칙을 지켜내느라 꼿꼿하고 뻣뻣해진 마음의 풀기가 조금 누그러졌다. 구수한 황태 맛이 밴 봄동의 향기가 몸 안으로 퍼졌다.

가사 노동과 혁명

올해 국내 굴지의 이상문학상 대상 수상자로 등단한 지 5년밖에 안 된 작가의 단편이 선정되었다. 작년에 들려온 한강 작가의 노벨문학상 수상만큼은 아니지만 꽤 문단을 술렁이게 한 소식이었다. 제목이 '그 개와 혁명'이다. 어떤 작품인지 궁금해서 수상집이 나오자마자 사서 읽었다. 운동권이었던 아버지의 죽음 앞에서 그의 생을 반추하는 딸을 화자로 내세운 단편이었다. 아버지와 딸 세대 간 반목과 이해, 개판 장례식을 도모하는 과정을 가독성 있는 서사로 펼쳐내고 있다. 무거울 수 있는 소재인데, 페미니스트 딸의 캐릭터가 워낙 독특해 소설은 시종 유머러스하고 유쾌하게 전개된다. "재미와 공감을 주면서 우리가 생각지 않았던 새로운 혁명 지점을 차갑게 보여준다"는 수상작 선정의 평에 고개가 끄덕여졌다.

작품 속에서 딸 수민은 아버지와 아버지 세대를 비판하고 풍자하는데 이유는 언행일치가 안 된다는 점이었다. 젊은 시절 "화염병을 던지고 공장에 위장 취업을 하고 삐라를 뿌리던" 아버지 태수 씨는 노동문제에 관심이 많지만 정작 집 안에서 이루어지는 가사 노동에 대해서는 일언반구 없이 모른 척한다. 사회가 조리 있게 굴러가야 한다고 말하지만, 가족이라는 제도 안의 조리는 다른 문제라는 식이다. 사회운동은 사회운동이고 일상은 일상으로 차원을 달리해 받아들이는 것이다.

인권과 민주 이념에 대한 신념으로 젊은 날 자신을 희생하며 운동에 투신했던 사람들이 실생활에서 보여주는 의식의 편향성이 이 정도이니 사회관습을 충실히 따르며 살아온 사람들의 의식은 말해 뭐하겠는가. 이들에게 '첫딸은 살림 밑천'이라는 말은 사어(死語)가 아니다. 혹시 이 시점에서 남자는 여자들이 가지 않는 군대에 가서 고생한다느니 어쩌니 하는 생각을 떠올린 사람이 있다면 당장 책을 덮기 바란다. 이런 주제의 글을 읽을 만큼 성숙하지 않았으니, 괜히 읽고 열받으면 건강에 해롭다.

  내가 이 주제에 관심을 두게 된 건 십수 년간 가정방문으로 논술팀을 가르치면서 목격한 가사 노동의 현장에 충격을 받아서다. 2000년대 당시 중고등학생을 자녀로 둔 학부모의 평균 연령은 40대였다. 다들 대졸 학력이었고, 과외가 알음알음으로 들어온 터라 교사 부부가 압도적으로 많았다. 모두 맞벌이였는데 저녁 시간에 방문했을 때 학생 아버지가 주방에 있는 모습을 본 적이 없다. 백이면 백, 학생 어머니가 논술샘인 나를 맞아주었고, 주방에서 과일이며 음료수를 준비해 가져왔다. 저녁을 준비하는 것도 학생 어머니였다. 하나같이 일하는 손길이 무지하게 빨랐고, 여러 가지 일을 한꺼번에 처리하느라 숨차하면서도 스스로는 그 사실을 느끼지 못했다. 직장 일을 끝내고 피곤한 상태에서 저녁을 준비하고 있구나, 하는 내 편견으로 인한 착각인지 모르지만 몹시 지쳐 보인다는 인상을 받았다.

  독신으로 살고 있는 내 눈에 그런 상황이 너무도 불공평하게 보였다. 힘든 학교 근무를 하고 돌아온 건 피차 마찬가지인데 왜 좀 더 연약한 쪽인 여성이 옷도 갈아입지 못한 채 주방으로 들어가 쫓기듯 밥을 하는 건지 그때도 지금도 이해가 안 됐다. 애들이 학년이 몇 번 바뀌도록 논술을 계속하면서 어머니들과 허물없이 친해진 터라 다 같이 모였을 때 단도직입 묻기도 했다. 왜 독박을 쓰느냐고. 나 같으면 억울하고 신경질 나서 청소든 요리든 뭐든 한두 개는 잘라서 남편에게 맡길 거라고 했다.

내가 던진 말에 대한 반응을 지금도 기억한다. 맞벌이하며 가사를 독박 쓰던 그들은 하나같이 초탈하고 허탈한 표정으로 피곤한 웃음만 지었다. 한참을 찡그리듯 웃던 그들이 하는 말 또한 한결같았다. 우리가 안 해 봤겠냐고. 더도 덜도 없이 그 한마디가 다였다. 길게 설명하기도 지쳤다는 표정이었다. 남편과 함께 가사를 분담해서 하려고 달래고 애원하고 싸우고 울고불고 애를 써보지 않았겠느냐는 마음속 한탄을 이해 못 할 정도로 나도 둔하지는 않았다. 그들의 말에 혼자 열 받쳐서 도저히 이해 못 하겠노라 고개를 저었지만 사실 나도 알고 있었다. 남자가 가오가 있지, 집안일은 죽어도 하지 않겠노라는 고리타분한 고집불통 남편을 두고 있으면 어쩔 수 없다는 것을.

가까이서 지켜본바 직장인과 가정주부라는 두 가지 역할을 해내느라 바쁜 내 친구도 그랬다. 그녀는 결혼하고도 계속 직장을 다녔고, 아이를 출산해 양육에 몰두한 3, 4년을 빼고는 한 번도 쉬지 않고 직장생활을 했다. 남편보다 수입이 적지도 않아 그들 부부가 집을 사고 안정된 생활을 하기까지 친구의 역할이 컸으면 컸지 모자라지 않았다. 그런데 아이가 둘이나 있는 집에서 가사를 맡는 것은 전적으로 친구의 몫이었다. 친구는 집과 직장에서 받는 스트레스를 수다로 푸는 성격이어서 의도치 않게 가정사를 속속들이 알게 됐는데, 친구의 일상을 듣고 있으면 내 스트레스 지수가 솟구쳤다. 부부가 출근하는 평일에는 아침저녁으로 남편과 두 아들의 식사를 챙겼고, 주말에는 대청소와 빨래를 하고 일주일간 먹을 밑반찬을 해놓고 시부모를 찾아뵙는다고 했다. 가사 노동 어디에도 남편이나 두 아들의 역할은 찾아볼 수 없었다. 남편은 거실 소파에 누운 채 티브이를 보는 자세로만 등장했고, 두 아들은 자기들 방안에 있다가 밥 먹으라는 소리에 반짝하고 등장할 뿐이었다. 손끝 하나 까딱하지 않는 세 남자를 챙기고 돌보면서 친구가 무엇을 잃었는지 옆에서 보는 나는 알겠는데, 친구는 모르는 것 같았다. 친구가 직장생활 말고 꼭 하고 싶어했던 것들은 나는 기억하는데 친구는 바쁜 생활에 치여 잊어가는 듯했다. 굳이 그걸 상기시켜 친구를 슬프게 하고 싶지 않아 입을 다물었지만, 그가 가진 재능을 아는 나로서는 쓸쓸함을 떨칠 수 없었다.

　남의 가정사를 가지고 왈가왈부하는 건 오지랖이 넓은 거랄

수도 있지만, 친구가 직장 일과 가사에 치여 친구들로부터 멀어져 가니 참견 아닌 참견을 하지 않을 수 없었다. 그나마 절친인 나하고는 정시 퇴근 후 한 번씩 만날 때가 있는데, 늘 보면 시간에 쫓기는 듯 초조하게 굴었다. 모처럼 만났으니 밥도 같이 먹고 느긋하게 차를 마시며 밀린 이야기를 나누고 싶은데, 친구는 대화를 나누는 중간중간 시간을 확인했다. 거기다 늘 잠이 부족한지 만날 때마다 하품을 달고 살았다. 보고 있으면 신경이 쓰였고 마음이 불편했다.

"남편이 손이 없나 발이 없나. 아침에 국 한솥 끓여놓고 나왔다면서 뭐가 걱정인데?"

밥 먹고 카페에 들어와 이야기를 나누면서도 연거푸 휴대폰을 눌러 시간을 확인하는 친구에게 성질을 부렸다. 이야기에 집중이 안 되니 대화도 재미가 없었다. 일 년에 네댓 번 만나 서로 살아가는 이야기를 나누는 이 자리보다 남편과 다 큰 자식 저녁 한 끼가 더 중요하다면 친구 관계를 유지할 필요가 있을까, 하는 생각마저 들었다. 이러니 남자들이 결혼하고 나서도 고등학교 대학교 친구들과 관계를 꾸준히 유지하는 데 반해 여자들은 결혼 후 친구들과 멀어지는 게 아니겠는가. 젊을 때 그렇게 멀어진 친구들이 어디서 무얼 하고 사는지 알 수 없는 가운데 겨우 관계가 이어지는 친구마저 이 모양이니 성질이 안 나겠냔 말이다.

요즘은 부부가 가사 노동을 함께하는 경우가 늘었다고 하지만, 통계를 보면 아직 멀어도 한참 멀었다. 통계청이 발표한 '저출산과 우리 사회 변화'에 따르면 맞벌이 부부의 경우 여성의 가사 노동 시간(2019년 기준)은 3시간 7분인 반면 남성은 54분에 불과했다. 여성이 남성보다 2시간 이상 더 많이 가사 노동에 시달리는 셈이다. 여성이 외벌이하는데도 여성의 가사 노동 시간은 2시간 36분이었고 남성은 1시간 59분으로 오히려 37분이 더 길었다. 남성이 외벌이하는 경우엔 여성의 가사 노동이 5시간 41분으로 늘어 거의 가사를 전담하는 것으로 나왔다. (출처 헤럴드경제 2023-07-11)

친구 만날 시간은커녕 자기 자신을 돌볼 시간도 부족할 듯싶다. 티브이나 신문에서 여자들이 고생하기 싫고 애 낳기 싫어서 결혼 안 한다는 식으로 말하는 내용이 드라마나 기사를 통해 종종 나오는데, 여성들 입장에서는 참 어이가 없고 답답한 노릇이다. 근거 없이 함부로 비난하기 전에 이런 실상을 사람들이 좀 알았으면 좋겠다. 만약 내게 딸이 있고, 그 딸이 직업을 가지고 자신의 꿈을 펼치고 싶어 하면 굳이 결혼을 권할 것 같지 않다. 가사 노동은 여성의 몫이라는 편견이 잔재하고, 여성의 가사 노동이 압도적으로 많은 실상이 바뀌지 않는다면 젊은 여성 가운데 누군들 결혼생활로 흔쾌히 뛰어들겠는가.

최근 12.3내란시국을 거치면서 우리는 민주주의의 소중함을 다시 한번 깨달았다. 자신이 권력을 가지고 있다고 옳고 그름을 따지지 않고 권력을 휘두르는 건 자유가 아니고 심각한 민폐이며, 나와 타인의 권리를 똑같이 존중하고 지켜야 하는 민주시민의 자격을 스스로 내버리는 것이다. 뜬금없이 내란 이야기를 꺼낸 건, 가사 노동에 있어 남녀가 받는 사회적 압력이 다르고, 자신이 더 많은 권리를 누리고 있다는 것을 남성들이 좀 알았으면 해서다. 함께 살면서 누군가는 하지 않으면 안 되는 가사 노동의 몫을 관습의 압력에 기대어 여성에게 더 무겁게 지우는 건 무책임을 넘은 폭력에 가깝다. 그것은 공평치 못한 처사이고. 권리를 공평하게 주지 않은 가정의 분위기가 민주적일 가능성은 매우 낮다. 남자에게는 쉼터이고 여자에게는 일터인 가정은 결코 민주적일 수가 없다. 한쪽의 헌신으로 한쪽만 부당한 권리를 누리는 부부가, 그런 가족이 행복하기를 바란다면 꿈 깨라고 말하고 싶다.

  세상에 공짜 없다. 그러니 남성들이여, 가사 노동 그까짓 거, 돕지 말고 분담하자. 그게 맞다. '그 개와 혁명'으로 돌풍을 일으킨 등단 5년 차의 신예 작가처럼 '가사 노동과 혁명' 한번 해보자. 가사 노동이 공평하게 이뤄지는 데서 가정의 민주주의가 시작된다. 일상의 민주주의가 정착한 사회에서 사랑이 꽃피고 평화가 흐른다.

산문집
화전수전
@덕민화 문정 배미희 윤선영 한혜경 이명희 장정희 장소연 정경숙 안자숙
초판인쇄 발행 2025년 8월 5일

지은이 덕민화 문정 배미희 윤선영 한혜경 이명희 장정희 장소연 정경숙 안자숙
펴낸이 김경희
디자인 김경희·김정숙
펴낸곳 **파란나무**
출판등록 2015년 4월 23일 제2023-000011호
주소 50659 경남양산시동면외송로 50
전자우편 s2000r@hanmail.net
전화 010-8551-5360
블로그 https://blog.naver.com/s2000r
인스타그램 https://www.instagram.com/gseoryeon
페이스북 https://www.facebook.com/gimseolyeon
ISBN 979-11-961925-3-2 (03800)

*책값은 뒤표지에 있습니다.